现代人力资源战略与规划新探

李 斌　刘晓蓓　邹海天◎著

中国书籍出版社
China Book Press

图书在版编目（CIP）数据

现代人力资源战略与规划新探 / 李斌 , 刘晓蓓 , 邹海天著 . -- 北京 : 中国书籍出版社 , 2023.9
　　ISBN 978-7-5068-9501-9

　　Ⅰ . ①现… Ⅱ . ①李… ②刘… ③邹… Ⅲ . ①人力资源管理－研究 Ⅳ . ① F243

中国国家版本馆 CIP 数据核字 (2023) 第 132333 号

现代人力资源战略与规划新探

李 斌　刘晓蓓　邹海天　著

图书策划	邹　浩
责任编辑	邹　浩
责任印制	孙马飞　马　芝
封面设计	博健文化
出版发行	中国书籍出版社
地　　址	北京市丰台区三路居路 97 号（邮编：100073）
电　　话	（010）52257143（总编室）　（010）52257140（发行部）
电子邮箱	eo@chinabp.com.cn
经　　销	全国新华书店
印　　厂	北京四海锦诚印刷技术有限公司
开　　本	710 毫米 ×1000 毫米　1/16
印　　张	11.25
字　　数	214 千字
版　　次	2024 年 1 月第 1 版
印　　次	2024 年 1 月第 1 次印刷
书　　号	ISBN 978-7-5068-9501-9
定　　价	68.00 元

版权所有　翻印必究

前　言

　　21 世纪是经济全球化的时代，也是知识经济的时代，更是创新发展、移动互联网信息技术和大数据的时代。人在价值创造中的地位和作用越来越重要，企业的发展越来越依赖于人的因素，人力资源管理已然成为企业获得竞争优势的关键和源泉。而人力资源战略与规划是将企业的经营战略和总体目标转化为现实的人力需求的过程，是各项具体的人力资源管理工作的起点和依据，是今后一定时期内各项人力资源工作得以开展的方向和路标。

　　基于此，本书以"现代人力资源战略与规划新探"为题，首先阐述人力资源战略与规划的概念及理解、人力资源战略与规划的意义及作用、人力资源战略与规划的一般过程和人力资源战略与规划的产生与发展等基础性知识。其次分析现代人力资源环境，主要内容包括人力资源环境概述、人力资源环境分析的原则、人力资源环境分析的步骤与方法。再次是现代人力资源战略的形成及类型，内容涵盖企业战略与人力资源战略、人力资源战略的形成、人力资源战略的制订和人力资源战略的常见类型。从次介绍了现代人力资源规划内容及影响，主要内容包括人力资源规划概述、人力资源规划的过程及内容和人力资源规划的影响因素。接着探索现代人力资源的供需预测，具体涉及人力资源需求预测、人力资源供给预测、人力资源的供需平衡。随后探讨现代人力资源规划体系的制订，主要介绍了人力资源规划编制、人力资源招聘与培训规划、员工职业生涯规划、人力资源流动规划和人力资源薪酬福利规划。最后通过人力资源战略与规划的实施、人力资源战略与规划的评价与调控以及知识经济时代的人力资源战略与规划、大数据背景下的人力资源战略与规划、经济转型升级下的人力资源战略与规划分别介绍了现代人力资源战略与规划的实施控制和现代人力资源战略与规划的新发展。

　　本书在写作过程中，得到了许多专家、学者的帮助和指导，在此表示诚挚的谢意。由于笔者水平有限，加之时间仓促，书中所涉及的内容难免有疏漏之处，希望各位读者多提宝贵的意见，以便进一步修改，使之更加完善。

目　　录

第一章　导论 1

　　第一节　人力资源战略与规划的概念理解 1

　　第二节　人力资源战略与规划的意义及作用 6

　　第三节　人力资源战略与规划的一般过程 9

　　第四节　人力资源战略与规划的产生与发展 11

第二章　现代人力资源环境分析 15

　　第一节　人力资源环境概述 15

　　第二节　人力资源环境分析的原则 22

　　第三节　人力资源环境分析的步骤与方法 24

第三章　现代人力资源战略的形成及类型 30

　　第一节　企业战略与人力资源战略 30

　　第二节　人力资源战略的形成 40

　　第三节　人力资源战略的制订 49

　　第四节　人力资源战略的常见类型 59

第四章　现代人力资源规划内容及影响 67

　　第一节　人力资源规划概述 67

　　第二节　人力资源规划的过程及内容 70

　　第三节　人力资源规划的影响因素 73

第五章 现代人力资源的供需预测 ········ 80

第一节 人力资源需求预测 ········ 80
第二节 人力资源供给预测 ········ 92
第三节 人力资源的供需平衡 ········ 105

第六章 现代人力资源规划体系的制订 ········ 110

第一节 人力资源规划编制 ········ 110
第二节 人力资源招聘与培训规划 ········ 113
第三节 员工职业生涯规划 ········ 118
第四节 人力资源流动规划 ········ 123
第五节 人力资源薪酬福利规划 ········ 126

第七章 现代人力资源战略与规划的实施控制 ········ 133

第一节 人力资源战略与规划的实施 ········ 133
第二节 人力资源战略与规划的评价与调控 ········ 143

第八章 现代人力资源战略与规划的新发展 ········ 159

第一节 知识经济时代的人力资源战略与规划 ········ 159
第二节 大数据背景下的人力资源战略与规划 ········ 161
第三节 经济转型升级下的人力资源战略与规划 ········ 165

参考文献 ········ 170

第一章 导 论

第一节 人力资源战略与规划的概念理解

一、人力资源战略

企业人力资源战略与企业整体战略是密不可分的，人力资源战略应当与企业整体战略相适应，同时在一定程度上影响企业整体战略的制订。因此，在对人力资源战略进行学习之前，应当首先了解企业战略。本部分内容将分别从企业战略制订的五个基本步骤，结合人力资源战略与企业战略之间关系的现状，对人力资源战略概念进行辨析。

（一）企业战略的概念

企业战略即确定企业的目标和方向，并采取一定的行动以实现这些目标。企业战略管理是将企业的主要目标、政策和行为依次整合为一个有机整体的过程。企业战略管理过程至少可以划分为五个基本步骤：

第一，定义企业的宗旨和使命。其中包括说明企业共同的价值观，企业为什么要存在等内容。企业的宗旨和使命一般包含下列内容：①确定企业所要服务的特定的相关利益群体；②确定满足这些相关利益群体的行动，如强调为员工发展提供机会，为社会提供就业机会等。

第二，考察企业经营的外部环境。这是指对影响企业实现其宗旨的技术、经济、政治以及社会力量进行系统分析。

第三，评价企业的优势和劣势。分析的重点在于企业内部资源相对于竞争对手而言具有哪些明显的优势，同时受到哪些关键因素的制约。

第四，确定企业的发展战略目标。在对影响企业的外部环境和内部资源进行分析后，第一步就是要确定企业战略。波特将企业战略划分为成本领先战略、差异化战略和集中战略。企业根据自身情况和外部环境分析结果，可以选择一种适合自身的战略。与此同时，企业也需要确定中短期发展目标，包括企业的销售额、利润、预期的资本收益率以及企业在客户服务和员工发展等关键领域的目标。

第五，制订企业战略行动方案。即企业应该在企业结构、人力资源、财务、营销等职能方面作出怎样的改进，采取什么样的政策和方案，以实现企业的战略目标。在此阶段，企业开始对人力资源进行战略性考虑。当企业的最高管理层制订企业战略行动方案，并对员工招聘、选拔、发展和奖励等有关事项进行思考时，就为企业的人力资源战略与规划奠定了基础。如果企业领导层在制订企业战略时，没有考虑企业的人力资源战略，没有对人力资源作出相关决策，就很难期望企业最终会形成有效的人力资源战略。

（二）人力资源战略的概念

人力资源作为与市场营销、财务会计、生产制造并列的子系统，对企业总体战略的实现具有重要的意义。然而在现实中，企业战略与人力资源战略之间存在很大的不一致。例如，企业在实行成本领先的整体战略时，可能会采取降低劳动力成本的措施来达到成本最小化的目标；而企业为了降低成本而进行裁员时，又会与企业人力资源管理强调对员工的收入稳定、个人发展以及为社会就业负责的承诺相悖。再如，企业战略可能是鼓励产品创新和技术领先，而企业的人力资源管理采取的却是成本导向战略，这时企业的人力资源管理对企业整体目标的实现所起的也不是促进作用。如果企业采取的是产品领先和技术创新战略，而企业的人力资源状况却不足以支撑这样的战略，企业战略在很大程度上就会受到企业人力资源制约。总之，在人力资源成为企业竞争力来源的今天，人力资源战略与企业战略的匹配对企业目标的实现具有关键意义。

对人力资源战略可以有两种理解：一种是将它理解为市场定位过程。按照这种理解，有人根据波特对企业战略分类的思路，将人力资源战略划分为成本领先、质量领先和差异化三种战略。另一种则是将人力资源战略理解为一种管理过程，即企业通过人力资源管理实现战略目标的过程，这也可以称为"战略性人力资源管理"。一般而言，对人力资源战略的各种理解在实践中没有本质的区别。在本书中我们对人力资源战略的理解是基于以上两个方面的，并力图将这两种思路融合起来。我们认为，人力资源战略是企业根据内部和外部环境分析，确定企业目标，从而制订出企业的人力资源管理目标，进而通过各种人力资源管理职能活动实现企业目标和人力资源目标的过程。

二、人力资源规划

国外有关人力资源规划的定义和概念很多，总体而言可以概括为以下几种：

第一，人力资源规划就是要分析企业在环境变化中的人力资源需求状况，并制订必要的政策和措施来满足这些要求。

第二，人力资源规划就是要在企业和员工的目标达到最大一致的情况下，使得人力资源的供给和需求达到最佳平衡。

第三，人力资源规划就是要确保企业在需要的时间和需要的岗位上获得各种需要的人才（包括数量和质量两个指标），人力资源战略与规划就是要使企业和个人都得到长期的利益。

第四，人力资源规划是预测企业未来的任务和环境对企业的要求，以及为了完成这些任务和满足这些要求而设计的提供人力资源的过程。

综合上述定义，人力资源规划主要包括以下四个方面：

第一，现有人力资源状况分析。企业必须对现有的人力资源状况进行一个清晰的分析，尤其应当清楚企业目前已有的员工存量、素质以及相对于竞争对手而言在人力资源上的优势和劣势。

第二，人力资源需求预测。企业必须根据未来发展战略对未来的人力资源需求作出正确的预测，找到未来理想的人力资源状况及目前存在的差距。

第三，人力资源供给预测。企业必须根据劳动力市场的现状对未来的人力资源供给作出正确的预测，确定未来的劳动力市场能否给企业发展提供符合质量和数量要求的人力资源。

第四，制订人力资源规划方案。当目前的人力资源状况与未来理想的人力资源状况存在差距时，企业必须制订一系列有效的人力资源规划方案。在劳动力过剩的情况下，企业可能需要制订一系列的人员裁减计划。而在劳动力短缺的情况下，则可能需要在外部进行招聘，如果外部劳动力市场不能保证有效供给，企业则需要考虑在内部通过调动补缺、培训、工作轮换、晋升等方式增加劳动力供给。

企业进行人力资源规划的动因在于企业经营环境的动态性和企业自身的发展。社会环境的动态性使得市场对企业的人力资源供给时常处于变化中。同时，企业自身的发展使得企业对人力资源的需求也处于变化中。社会环境对企业人力资源供给的影响，主要是通过市场对企业产品的需求和劳动力市场对企业的人力资源供给来进行的。当市场对企业产品的需求比较旺盛时，劳动力短缺对企业的快速成长就会产生制约作用。但是当市场对企业产品的需求萎缩时，企业内部又很容易产生劳动力的剩余。如何在这两种环境压力之间找到平衡对于任何企业来说都是一种严峻的挑战。另一方面，企业自身的发展也使得企业对人力资源的需求处于变动之中。例如，在成长期，企业一般比较重视销售，此时企业对营销人员的需求量很大，相对而言，对技术、管理、广告策划人才的需求并不是很迫切。随着企业逐渐走向成熟，对这些人才的需求越来越大，而这时企业内部受各种短期利益的驱使，往往并没有培养或储备这类人才。要解决这个问题，主要有以下两种办法。一种办法是到市场上去招聘合适的人才，但由于市场状况不稳定，往往很难在短期内找到合适的人才，即便能够找到，新员工也要在经过一些基本的培训和了解企业的情况以后才能够真正开展工作。另一种办法是企业通过人力资源规划，根据企业发展的状况，有计划地进行内部培养。但由于这些人才并不是企业目前所必需的，因此往往在很大程度上导致企业成本的增加。总之，企业外部环境的变化和企业自身的发展是人力资源规划产生的根本原因。

三、人力资源战略与规划的界定

早期，企业将人力资源战略与人力资源规划作为两项单独的人力资源管理职能来进行管理，且企业更多地关注人力资源规划。现在，由于企业内外部环境的变化，人力资源战略对于企业长期发展越发重要，并逐渐与人力资源规划紧密融合，演变为人力资源战略与规划阶段，成为企业战略整体框架中的一部分。美国著名的人力资源专家詹姆斯·W·沃克认为，20世纪90年代的人力资源规划已经开始与人力资源战略紧密联系起来，其趋势有如下几种：第一，企业正在使其人力资源规划更加适合于企业精简且较短期的人力资源战略。第二，企业的人力资源战略与规划更加注意关键的环节，以确保人力资源战略与规划的实用性和相关性。第三，人力资源战略与规划更注意特殊环节上的数据分析，更加明确地限定人力资源战略与规划的范围。第四，企业更加重视将长期的人力资源战略与规划中的关键环节转化为行动方案，以便对其效果进行测量。

人力资源战略与规划过程包括人力资源战略、人力资源规划和行动方案的制订等。其中，人力资源战略主要研究的是社会和法律环境的可能变动将对企业人力资源管理产生的影响等问题；人力资源规划主要是对企业未来面临的人力供求形势进行预测，包括对企业未来员工的需求量、企业内部和外部的人力供给状况的详细预测；行动方案是根据预测结果制订的具体行动方案，包括招聘、辞退、晋升、培训与开发、工作调动、绩效管理与评估、工资福利政策和企业变革等。人力资源战略与规划的应用范围很广，其本身可以是战略性的，也可以是战术性的；可以是整个企业范围的，也可以是一个具体部门的；可以周期性地制订，也可以在需要时单独制订。

四、企业的人力资源战略与规划要适应企业的整体战略

企业一般的战略过程包括战略计划、经营计划和预算方案等几个方面。企业的战略计划是制订目标和决定为实现这些目标所需要采取的行动。它包括：第一，明确宗旨，即明确企业存在的目的和企业的特殊作用；第二，建立目标，即确定企业的总任务和用来实现企业总任务的各个部门的任务，评价优势和劣势，找出促进或阻碍将来为实现企业目标而从事的活动的各种因素；第三，确定结构，确定企业的构成部门、各个部门在实现企业总体目标过程中的作用，以及各个部门之间的关系；第四，制订战略，确定企业目标实现的层次性以及企业目标实现程度的数量标准和时间标准；第五，制订方案，明确各个方案的组成部分，以及衡量各个方案有效性的方法。上述这些战略计划都涉及企业最本质方面的根本决策，对企业发展以及人力资源战略与规划具有长期的影响。例如，企业收购、剥离、增加产品线、投入新的资本、应用新的管理方法、产品组合、消费者组合、竞争重点和市场的地理限制等都属于战略计划。战略计划的影响范围很广，可能需要投入大量的资源。一般而言，战略计划会涉及大量的资料收集和分析工作，并需由上层管理者反复审查和评价。

长期的战略计划一般会影响企业两年以上的时间，中长期的经营计划一般会影响一两年的时间，经营计划也可以称为战术计划。它涉及计划方案所需要的资源和企业策略，以及目前经营活动的正常进行和可能影响其正常进行的具体问题。例如，购买效率更高的办公设备，处理被退回的次品和设计新的防伪标志等都属于战术计划。同战略计划一样，战术计划对人力资源战略与规划也是有影响的，但程度显然是不同的。战术计划对企业发展以及人力资源战略与规划具有短期影响，影响的范围比较小，所引起的变化也比较小。例如，年度的预算方案涉及预算、部门和个人的工作目标、项目的具体计划与时间安排、资源分配、完成战略计划和经营计划的标准以及对结果的监督和控制。一般而言，计划期间越短，计划就越细致。

从总体上看，企业战略过程对人力资源战略与规划过程具有制约和限制的作用。具体而言，企业战略制约人力资源战略，企业的一般经营计划制约人力资源规划，企业的预算方案制约人力资源的行动方案。由于企业的一般战略计划制约企业的一般战术计划，而企业的一般战术计划又制约企业的预算方案。因此，在人力资源战略与规划中，人力资源的战略制约人力资源的规划，而人力资源的战术计划制约具体的人力资源管理行动方案。因而，人力资源管理的目标既要与企业的长远战略目标相一致，又要与企业的短期目标相一致。

第二节　人力资源战略与规划的意义及作用

一、人力资源战略与规划的意义

人力资源的形成、培植、开发和使用已经成为决定企业生存发展的决定性因素。人力资源战略与规划是企业开展人力资源管理必不可少的，也是目前很多企业人力资源管理实践中的薄弱环节。人力资源战略与规划的意义主要体现在：

第一，有助于企业适应变化的环境。环境的变化需要人力资源的数量和质量作出相应的调整。任何一个企业，不管是公有的还是私有的，也不管它的规模和战略如何，都要经历环境变化的考验。人力资源战略与规划可以使企业及时了解经营活动变化而导致的人力资源管理方面的变化，使企业预见到这些变化将要产生的企业人力资源需求方面的变化，及早进行规划。

第二，有助于及时填补职位空缺。企业中经常会出现职位空缺的现象。对于规模比较小的企业来说，可以在空缺职位实际出现后再设法补上。但是，对于规模比较大的企业来说，就应该事先进行人力资源的规划和预测。其原因如下：首先是在规模比较大的企业中，员工分工明确，工作的专业化程度比较高，新进员工的适应期比较长；其次是规模比较大的企业的职位空缺数额也比较大，要做到及时填补，必须提早准备。

第三，有助于新员工尽快胜任工作。在流动率比较高的情况下，企业的人事部门必须在很短的时间内匆忙招聘大量的新员工，这很容易导致录用标准的下降。结果是招收了很多工作不稳定的年轻员工，这又会造成以后的流动率上升。在离职率居高不下的情况下，应该简化工作，目的是缩短最低培训时间，使新员工能够在尽可能短的时间内胜任工作。

第四，有助于稳定生产。现代大工业生产在很多情况下都属于连续性的作业，其主要特征就是生产水平稳定，因而也就要求劳动力水平稳定。新招收的员工数量应该等于离职的员工数量。人力资源战略与规划通过分析企业变化，预测人力资源的供求差异，及时预见企业在未来可能出现的人力资源不足或过剩的潜在问题，并及时采取措施进行调节。

第五，有助于减少未来的不确定性。如果没有变化就不需要计划，计划可以帮助企业更好地应对变化。企业面临的市场竞争环境的变化给企业的决策带来了不确定性，为了克服这些不确定性可能给企业未来的经营带来的消极影响，企业的人力资源管理部门就必须建立相应的招聘政策、培训政策和员工职业生涯发展政策。人力资源部门在制订计划的时候，还应考虑到计划期的长短。短期计划指的是一年和一年以内的计划，长期计划指的是三年和三年以上的计划。到底是应该制订短期计划还是长期计划取决于企业面临的不确定性的大小。

由此可见，如果没有人力资源战略与规划，企业就无法正确地评价结果，也无法知道其努力方向是否正确，哪一个行动在实现目标方面具有最重要的作用，以及如何把不同的人力资源管理活动集成起来使它们相互配合。没有人力资源战略与规划，人力资源管理活动就会变成相互之间不存在有机联系的活动大杂烩。企业目标包括市场份额、降低成本、技术革新、名誉和高质量的服务等，如果没有整体的计划，这些目标就可能被遗忘，结果，不同的人从各自的角度对企业的人力资源管理进行评价。管理者可以通过计划来确定目标，目标明确后，每个管理者和每个员工工作的意义和范围就很清楚，企业也就可以更好地把资源集中到与企业目标最一致的产品和服务的经营中去。事实表明，目标明确的管理者比目标不明确的管理者更有效率，并且对工作也更满意。所以，人力资源战略与规划可以把企业的人力资源管理活动与整个企业联系起来，使人力资源管理活动成为企业的一个有机组成部分。

二、人力资源战略与规划的作用

（一）在企业战略方面人力资源战略与规划的作用

1. 有助于企业战略目标的识别

由于企业所处的内外环境是不断变化的，企业的战略目标也需要不断调整。人才竞争是未来竞争的焦点，人力资源战略与规划有助于企业认清企业目标的变化和人力资源现状，通过分析预测人力资源的供求状况，制订相应的规划，使得企业的战略目标更具有预见性，从而提高对环境变化的适应能力和企业的竞争力。

2. 有助于战略目标实现环境的创造

企业的战略目标必须分解为更具体的目标体系，在采取有效的资源保障和配置以及有效的激励和约束的条件下，才能得以实现。人力资源决策在企业的环境层面、企业层面、人力资源部门层面、人力资源数量层面和任务层面都对企业战略目标的实现有重要影响。人力资源战略与规划不仅可以在人力资源战略目标下，通过计划把资源集中到与企业目标最一致的产品和服务中去，还可以通过计划的制订、实施、评估和反馈，保证政策的连贯性和一致性。

3. 有助于保证企业战略目标的实现

人力资源计划在明确企业战略的要求后，要预测人力资源的供需缺口，采取相应的措施，平衡人力资源的供给与需求，确保企业目标的实现。人力资源战略与规划可以根据企业目标的变化和企业的人力资源现状，分析人力资源的供需，采取必要的确保措施，平衡供需，帮助企业实现其目标。

4. 有助于员工工作生活质量的提高

人力资源战略与规划可以使企业员工看到未来企业各层面的人力资源需求，从而参照企业人力资源的供给情况来设计自身的职业生涯发展道路，这对提高员工的工作生活质量来说是非常有益的。这种量身定做式的贴身服务可以让员工充满被尊重感和归属感。人力资源战略与规划通过培训、实习等方式可以让员工充分融入企业，了解企业文化及其内涵，增强其团队意识，为更好地为企业服务和个人奋斗打下坚实的基础。

（二）在人力资源管理职能方面人力资源战略与规划的作用

1. 有助于人力资源部门各项业务活动目标的设定

人力资源战略与规划是人力资源开发与管理部门各项业务开展的基础。人力资源战略与规划要对企业现有的人力资源能力进行分析，还要对员工预期达到的能力与要求进行估计和分析，找出现状与理想状态的差距，并以此为基础制订人力资源各项业务活动的目标。一般情况下，人力资源战略与规划所设定的目标就是考评人力资源部门的业务活动，如招聘、考评、培训、工作系统设计等的标准。

2. 有助于人力资源部门资源的合理利用

人力资源开发与管理部门的各项业务活动需要耗费人力、物力、财力等有限资源，合理的规划有助于提高效率，降低成本。例如，人力资源战略与规划可根据企业对人力资源的数量、质量需求，以及人力资源的供给状况决定员工培训的参加人数、范围与内容，并决定培训的投资额度等，达到以最小的成本获得最大效益的目的。

3. 有助于人力资源部门业务活动工作质量的提高

完善的计划具有统一思想和行动的作用，计划与控制的有效结合还可以加强监督，提高人力资源开发与管理部门的工作效率。通过严格的工作分析和业绩评估，为人力资源管理的具体实施提供了信息。在监督其他员工的同时，也约束了自己，通过对自身的衡量和裁定，判定自身的能力结构、技能水平能否满足企业战略目标的要求。

第三节　人力资源战略与规划的一般过程

人力资源战略与规划是一项系统工程，在制订人力资源战略与规划时，企业可以分为如下几个步骤：

一、进行人力资源战略与规划的环境分析

人力资源战略与规划的第一步就是要对企业的内部和外部环境进行分析，并作出评价。企业在进行环境分析的时候，必须仔细考察企业的内部和外部环境，以获取可能对企业未来人力资源管理产生影响的信息。企业环境分析主要包括两个方面，即内部环境和外部环境。

内部环境包括企业的研究与开发、制造、市场销售、人力资源和其他对企业的绩效产生影响的方面。另外，内部环境还包括涉及企业内部不同部门的决策行为，例如资源分配、制订规划、管理能力开发和客户服务等流程。企业内部的资源包括资本、技术、人力资源等，也是企业在进行内部环境分析的时候必须要考虑的问题。此外，企业结构、文化、员工等也是企业内部环境的关键组成部分。

企业的外部环境主要包括外部宏观环境和对企业产生影响的竞争者、供应商、顾客等市场主体。企业在对外部环境进行分析时，首先要全面了解如人口结构、法律、政治、社会和技术变化趋势等宏观企业经营环境。此外，企业还要注意对竞争环境进行分析。企业要能够通过对竞争环境的分析，鉴别竞争对手的行动对自身的威胁和影响。例如，企业可能由于竞争对手的新产品推出速度加快，而需要加大新产品的研发和销售力度及鼓励员工的创新精神等。

著名的SWOT分析方法认为，对企业的优势、劣势、机会和威胁进行分析可以形成企业的战略。人力资源环境分析作为人力资源战略与规划的第一步，是企业形成人力资源战略的基础。

二、制订人力资源战略

在对人力资源内部环境和外部环境进行分析以后，企业就可以制订人力资源战略了。企业战略作为一个整体发展战略包括人力资源战略、财务战略、市场战略等子系统。人力资源管理系统是企业管理众多系统中的一部分，每一个系统都对企业战略的形成发挥作

用，并且每一个系统都有自己细分的子系统。人力资源系统中包括人员规划、人力资源配置与开发、评估与奖励、员工关系等子系统。人力资源战略本身也正是通过这些子系统体现出来的。人力资源作为企业竞争优势的来源在企业中具有越来越重要的地位。人力资源战略作为企业战略的一个子系统，对企业战略的实现所起的作用也越来越大。企业有不同的人力资源战略选择，如技能战略、产业战略、工资战略等。每种战略有不同的适用范围，企业可以根据自身的情况选择不同的人力资源战略。

三、进行人力资源供给和需求预测

确定了人力资源战略以后，企业就可以根据人力资源战略进行相应的人力资源规划。要进行人力资源规划，企业首先必须对现有的人力资源状况进行清楚的分析，然后企业必须根据自身的未来发展战略，对未来的人力资源需求作出正确的预测，找到未来理想的人力资源状况与现在的差距。最后，企业必须根据劳动力市场的现状对未来的人力资源供给作出正确的预测，确定未来的劳动力市场能否给企业发展提供合适质量和数量的人力资源。

四、制订人力资源规划方案

当目前的人力资源状况和未来理想的人力资源状况存在差距时，企业必须制订一系列有效的人力资源战略与规划方案。在员工过剩的情况下，企业可能需要制订一系列的人员裁减计划。在员工短缺的情况下，则可能需要在外部进行招聘，而如果外部劳动力市场不能保证有效供给，企业则需要考虑在内部通过调动补缺、培训、工作轮换、晋升等方式增加劳动力供给。一个完整的人力资源规划方案通常包括：人员补充规划、分配规划、晋升规划、教育培训规划、工资规划、保险福利规划、劳动关系规划、退休规划。

五、实施人力资源规划

人力资源战略如果不能满足上面的条件，则可能以失败或不成熟而告终。人力资源规划在实施过程中，要加强监督、检查和控制，在外部环境和内部条件没有明显变化的情况下，要保证人力资源规划得到有效的实施，发现不严格执行规划等问题要及时加以纠正。规划实施后，还要对结果进行汇总和评价，积累经验，以指导以后的人力资源规划工作。在评价人力资源规划时，需要将执行结果与规划内容进行比较，找出两者的差距，并分析产生差距的原因，是规划本身的问题还是执行中的问题，针对问题采取有效解决措施，以使下一轮的人力资源规划工作水平得到提高。

六、对人力资源战略与规划进行评价与控制

在具体实施人力资源战略与规划的过程中，人类预测理性的有限性，内外部环境的混沌变化，都有可能使得最初制订的人力资源规划不能真正有效地达到企业预期追求的目标和要求。因此，必须建立一套科学的评价与控制体系，利用评价结果对最初的人力资源规划主动调整以适应变化了的内外部环境，修正企业在人力资源规划实施中的偏差，最终保证人力资源规划的持续滚动发展。因此，对人力资源规划进行系统化的反馈、评价与控制就成为一项对企业利害攸关的重要工作。

对人力资源战略与规划的评价与控制的基本目的是保证企业最初所制订的人力资源规划与其具体实施过程动态实时地相互适应。对人力资源战略与规划的评价与控制的基本内容包括：选择人力资源规划关键环节中的关键监控与评估点，确立评价与控制基准和原则，监测评估关键控制点的实际变化及变化趋势，选择实施适度的控制力和正确的控制方法，调整偏差。对人力资源战略与规划的评价与控制的工具一般包括人力资源管理信息系统、预算法、定量分析等。

第四节 人力资源战略与规划的产生与发展

一、人力资源战略与规划的萌芽阶段

自现代工业社会产生以后，劳动力就成为与资本、土地并列的基本生产要素之一。在资本主义发展的早期阶段，由于资本是主要制约企业发展的生产要素，因此资本家在考虑生产时，首先需要考虑的要素就是资本的缺乏。相对于资本而言，劳动力在市场上是相对过剩的资源。劳动力的过剩和价格的低廉使得企业非但没有产生对人力资源战略与规划的需求，反而对劳动力的管理采取了一种随意的态度。资本家对人事管理的不重视直接导致企业中劳资双方关系的严重对立，这突出表现在雇主和工人之间的矛盾和冲突、工人就业的无保障和工人在岗位上的"磨洋工"等问题。由于劳动者地位低微，雇主对企业的人事管理采用了一种任意的、独断专行的、非系统化的方式。在资本家的眼中，工人只不过是一件普通的商品，在其利润最大化的目标函数中，劳动力与其他生产投入要素的地位一样。在绝大多数的企业中，最高管理当局把所有的人事管理权诸如招工、开除、定薪、提职和分配工作等统统下放给负责车间或部门工作的工头，一般而言，工头在这些问题上具

有决定权。他们的任务是用最少的单位成本生产最多的产品。为了完成这一任务，工头采用的是高压驱动手段，他们将工人看成是完成任务的工具。这种简单的管理方式在当时之所以有效，是因为市场上有大量的劳动力剩余，且工人完成工作并不需要特殊的技能。这时的企业基本上没有人力资源战略与规划的职能。

二、人力资源战略与规划的产生阶段

在19世纪末期之前，美国大部分劳动力从事的还是农业劳动。非农业部门，例如制造业、采矿业和建筑业，一般都是小规模经营，雇佣的都是具有某种手艺的工匠，使用的是手工工具，由小业主兼管理者经营。但是到19世纪末期，工业部门发生了重大变化。大多数产业中从事制造业的工厂的平均雇员人数翻了两番，同时企业中的生产过程也发生了重大变化，机器代替了手工工具，半熟练和非熟练的操作工及流水线工人代替了传统的工匠，标准件和相互替换件取代了特制件。最后，越来越多的工厂采用所有权和经营权分离的现代企业制度，从而形成了一个专门从事企业日常经营活动的管理者阶层。

当时由于现代管理技术和标准化流水线还没有在社会上得到广泛的应用，企业的生产效率还不是很高，生产出来的产品还未能满足人们的需求，也就是说，雇主提高生产效率的唯一方法是延长工人的劳动时间，降低工人的报酬，而这样的生产效率的提高是建立在员工损失的基础之上的，这样直接导致企业内部劳资关系的对立。在这样的形势下，泰勒发起了科学管理运动，工业心理学家闵斯特伯格试图采用工业心理学的原理和方法促进工业效率及工人对工作的满意程度的提高。在这一阶段，由于福特的标准化生产流水线的发明，产品从传统的低效率生产转变为高效率的标准化生产。企业规模的扩大和生产技术的革新，使得劳动分工、专门化、职能制、员工选拔、绩效考核等管理技术在企业中被广泛应用。由于企业对生产效率的重视和熟练工人的缺乏，企业人力资源规划的一些主要职能已经产生，如进行人力资源供给和需求的预测，以及根据人力资源供给和需求的差距制订人力资源规划政策。但是，在这一阶段，还没有形成一整套系统的人力资源规划理论。企业人力资源规划的重点也只是如何从市场上获得熟练工人和通过各种人力资源管理措施提高工人的工作效率。

三、人力资源战略与规划的发展阶段

20世纪60年代以后，科学技术的迅速发展和企业规模的迅速扩大导致了社会对高级人才的更大需求。在这一阶段，由于人口中中青年男性劳动力和科学工程与技术人才严重短缺，人力资源战略与规划开始在企业人力资源管理中占据一个非常重要的地位。企业人力资源战略与规划的重点开始放在人才的供需平衡，尤其是管理人员以及专业技术人才的供需上。人力资源战略与规划被定义为管理人员将企业理想的人力资源状态和目前的实际状况进行比较，通过各种人力资源管理措施，让适当数量和种类的人才在适当的时间和地点，从事使企业与个人双方获得最大的长期利润的工作。在这个概念中包含人力资源战略与规划的五个步骤：确定企业的目标和计划—预测企业的人力资源需求—评价企业人力资源存量状况及企业人力资源供给状况—确定企业的净人力资源需求—制订适当的人力资源战略与规划方案。这是一个线性的过程，在这个过程中，企业根据过去的人力资源状况预测未来的人力资源需求和供给，并制订人力资战略与规划。在这一时期，对人力资源战略与规划的普遍看法是企业预测其未来的人力资源需求，预测其内部或外部的人力资源供给，确定供求之间的差距，并根据预测结果制订企业的招聘、选拔和安置新员工方案，员工培训和开发方案，以及预测必要的人员晋升和调动方案。

20 世纪 70 年代，由于美国新法律的出台和各种政府政策的制订，企业人力资源战略与规划需要考虑反优先法案和其他各种有关人事法案。各种法律和制度的制订限制了企业的雇佣行为、员工福利和安全保护措施。在这样一个高度动荡的年代，美国企业的管理者花费了大量的时间和精力去对付能源危机、妇女解放运动、种族仇视以及企业发展停滞等问题，这些都消耗了企业的大量利润，产生了大量成本。但是在这一阶段，人力资源战略与规划被广泛地作为大企业和政府企业的一种关键人事管理活动。一方面，人力资源战略管理与规划极大地扩展了职能范围，而不再仅仅局限于对企业人才进行供求预测和平衡。"人力"一词由于具有性别歧视的含义被弃而不用，而"人力资源"成为一个时髦的词语被广为应用。另一方面，"人力"也含有企业将员工视为一种费用和成本的意思，而"人力资源"则将员工视为企业获取利润的源泉，是企业的资源和资本。1977 年，在美国成立的人力资源战略与规划学会标志着人力资源战略与规划作为企业人力资源管理的一项职能已经产生。1978 年，在亚特兰大的第一次人力资源战略与规划学会大会上，人们对人力资源战略与规划的看法已经非常系统和成熟，认为它不仅包括传统的需求与供给预测，而且包括人力资源环境分析、人力资源预测和规划、员工职业计划和发展、员工工作绩效、企业设计和其他方面。

这一阶段，由于人力资源战略与规划职能的扩展，已经有一些企业开始在制订人力资源战略与规划的过程中既考虑企业战略和人力资源战略，又考虑各种人力资源的行动方案，制订人力资源战略与规划配套体系。但显然无论从理论还是实践来看，许多关键的问题还没有得到解决，人力资源战略与规划作为一个体系还没有形成。

四、人力资源战略与规划的成熟阶段

20世纪80年代以来,企业开始对以前的多元化战略进行反思,缩减企业规模,采取多次裁员和提前退休的政策。一方面,很多企业实行分权管理,降低管理费用,争取变成精干型企业,这导致相当多的人才必须转移。企业的变革也使得企业与员工之间形成的心理和社会契约发生了巨大的变化。另一方面,人们对职业规划、弹性工作安排以及绩效工资更加重视。由于很多企业倾向于努力减少正式员工的数量,而更愿意雇佣兼职员工和短期合同员工来满足企业的需要,这种情况导致企业临时劳动力快速增加。"面对这样的形势,企业人力资源战略与规划的重点变成强调高层管理者的培养与交接计划、人员精简计划、企业重组、兼并与收购计划,以及企业文化变革等。"[①]

由于企业面对的经营环境变化越来越快,企业战略在企业经营中的重要性越来越凸显出来,而人力资源战略作为企业战略的一个组成部分也越来越重要。企业开始使用一些工具和技术确定企业的人力资源战略,并将人力资源战略与人力资源规划联系起来,从而在不同的人力资源战略下使用不同的规划工具,进行不同的规划活动。在此之前,人力资源战略与规划作为企业人力资源管理的一项独立的职能活动,可能与企业经营的外部环境不匹配,或者与企业人力资源管理的其他职能性活动如招聘、薪酬管理等发生冲突。在将人力资源规划与人力资源战略联系起来以后,企业能够根据企业的经营环境制订人力资源战略,从而在统一的人力资源战略下制订一致的人力资源管理职能。这也就是人力资源战略通常所说的两个一致性,即外部一致性和内部一致性,或水平一致和垂直一致性。人力资源规划与人力资源战略联系在一起,根据明确的人力资源战略制订人力资源规划,标志着企业成熟的人力资源战略与规划管理职能的形成。

---

① 霍生平,张燕君,郑赤建等. 人力资源战略与规划[M]. 湘潭:湘潭大学出版社,2016:7.

第二章　现代人力资源环境分析

第一节　人力资源环境概述

一、人力资源环境的定义

所谓环境，是指一些相互依存、互相制约、不断变化的各种因素组成的一个系统，是影响企业管理决策和生产经营活动的现实各因素的集合。

相比于别的影响因素，环境在企业的组织结构设置、内部过程及管理决策中的影响作用或许更大。一个企业之所以能够在激烈的竞争中获得成功，重要原因之一就在于比竞争者占有更优越的环境信息，从而获得更多的资源。

就人力资源管理领域来说，环境包含对人力资源管理活动产生影响的各种因素。这些因素既包括来自企业内部的因素，也包括来自企业外部的因素。人力资源管理环境是一个多维的、不断变化的开放系统。从广义上来说，环境尤其是外部环境的外延是无限的。但是，我们所说的环境主要是指对组织人力资源管理的决策和运作起到较为深远影响的因素和外力。它们可能会影响组织的运行，进而对人力资源管理的战略、政策的形成以及实施。

二、人力资源环境的类型

与企业环境一样，人力资源环境分为外部环境和内部环境。

（一）外部环境

外部环境是指组织在决策过程中必须考虑的，在组织边界之外的物质及社会因素，包括企业外所有的因素和事件。外部环境并非如人们一开始想象的那样，是一个单一整体，而是一个由多个部分组成的开放系统。在这个系统中的每一个组成部分，都可以对组织的政策和行为起到影响作用。

"人力资源外部环境主要包括政治法律环境、经济环境、劳动力市场、社会文化环境、自然环境、科学技术环境、产业结构和政策、产业生命周期、产业市场状况、产业竞争环境、股东、供应商、顾客等因素。"①

1. 政治法律环境

政治法律环境是指政治团体及其活动以及国家制订的相关法律法规等因素。这些因素对企业具有直接或者潜在的约束力，通过规定什么可以做和什么不可以做影响企业的投资行为。

企业应当时刻关注国家的政治制度与体制，特别是与自己经营业务关联紧密的法律、法规。因为这些法律法规对企业的经营活动具有直接的约束力。比如，国家的税法规定企业缴纳税务的义务，反不正当竞争法反对企业垄断行为，环境保护法对那些严重破坏环境的生产行为进行严厉处罚，知识产权法规让不道德的剽窃侵权行为受到处罚，劳动保护和社会保障法规通过制裁企业的违法违规行为来保护处于弱势地位的企业员工，甚至处于国家层面的某些生产、销售管制也会让企业的正常经营活动受到影响。这些相关的法律和政策能够影响企业的运作和利润。另外，全球化背景下，对外贸易成为很多企业的业务范围之一。因此，了解贸易出口国的相关法律法规，可以有效帮助企业免受法律体系的差异特别是贸易保护主义政策带来的损失。具体到人力资源领域来说，政治法律环境包括当地政府对投资的支持度、当地政府的服务意识和行政效率、与人力资源相关的政策法规（如人才引进、户口落户、职业培训等及地方性劳动法规）。

随着社会的不断发展，中国在不断完善相关的法律法规来保护劳动者和环境，比如《中华人民共和国劳动合同法》《中华人民共和国就业促进法》《中华人民共和国妇女权益保障法》《中华人民共和国工会法》等。企业在开展人力资源管理活动时，必须遵守这些法律法规。从国际方面来看，国际方面的政治法律因素主要涉及各国的政体、关税政策、贸易规则及国内法和国际公约的有关规定等。在经济全球化背景下，中国企业到他国进行投资、兴办企业或进行贸易，必须事先了解该国的政治和法律。比如，不同于我国人力资源管理及有关法规特点和细则，在欧美发达国家，有关法律法规对劳动者个体就业保护比较严格，要求给予解雇职工很高的补偿，对种族歧视、性别歧视也给予严厉处罚。再如，

---

① 王维华. 跨区域建厂人力资源环境评估体系的构建及其应用：以某汽车制造企业为例 [J]. 武汉理工大学学报：社会科学版，2014，27（5）：838-843.

巴西企业的人力资源管理更加注重人员的专业性而非人才的全面素质，上级要更加尊重下级，员工罢工现象经常发生，并且员工每年享有一个月的带薪假期。

2. 经济环境

经济环境是指一个国家的经济制度、经济结构、产业布局、资源状况、经济发展水平以及未来的经济走势等。构成经济环境的关键要素包括利率水平、通货膨胀程度及趋势、失业率、消费者收入与支出、居民储蓄、消费信贷、能源供给成本、市场供求状况和机制完善程度等。这些因素直接决定企业目前及未来的市场大小、社会的劳动力供需、企业员工知识储备和技能发展等，是影响人力资源管理的主要外部环境因素。

3. 劳动力市场

劳动力市场是社会人力资源供求的存储库。企业的人力资源随着企业规模扩大、新业务范围扩展、员工离职或退休等，会出现人力资源短缺。此时，劳动力市场便是企业满足人力资源需求的最重要途径。能否在劳动力市场上招聘到企业需要的人才，关乎企业能否顺利完成自己的目标。因此，劳动力市场是企业人力资源管理应该时刻关注的一个重要的外部环境因素。劳动力市场总是处于不断变化之中。社会人口平均寿命、经济结构调整、产业政策转变、国家教育发展水平等都会影响到市场中劳动力供求总量。企业制订人力资源战略时，必须对劳动力市场进行深入分析，掌握一定时期内劳动力的存量，了解社会劳动力的市场需求及其供给，判断劳动力供给价格，才能有的放矢，掌握主动。企业所需劳动力的市场存量可以从劳动力市场中的人才数量、人才质量和人才结构等方面进行分析。行业不同，企业面临的劳动力存量也不同。发展缓慢、研发投入少的产业或新兴产业在市场中的人才存量偏少，企业将很难从市场上招聘到合适人才。市场中劳动力存量少而企业对人才需求迫切时，劳动力价格会不断上升，直到需求趋于饱和同时，劳动力价格也受到行业发展状况、国家经济发展速度、通货膨胀等的影响。国家总体经济发展运行良好、行业快速发展时，人才需求就会随之增加，劳动力市场往往出现人才供不应求情况。

4. 社会文化环境

文化是指在某个地理区域内持同一语言的群体中的个体在其知觉、信仰、评价、沟通和行为过程中表现出来的共同特征。每一个社会都有其核心文化价值观。这些核心价值观和文化传统都是经过一代又一代相传而来。它们往往间接、潜在而又持久地制约和影响人们的观念和思维，进而改变或影响人们的行为。因此，企业人力资源管理必须要重视社会文化环境对员工的影响，采取针对性措施，趋利避害。不同的社会群体之间的社会文化差异是显著的。比如，中国文化讲究集体意识，个人应当服务于集体，维护好集体利益，个人利益更有保障；美国文化强调个人主义，追求个体个性的张扬。全球化给人力资源管理实践带来的重大变化就是不同文化背景下的员工需要在同一个办公场所或者通过虚拟团队的方式进行工作，所涉及的沟通、协调和冲突已成为人力资源管理需要面对的重要问题。企业在跨国经营时，尤其要注意缓解不同社会文化差异带来的矛盾。例如，美国人喜欢突出个人价值，于是海尔在美国工厂的布告栏上贴了很多激励员工的照片，并贴上他们全家的照片。

5. 自然环境

自然环境是指企业业务涉及地区市场的地理、气候、资源、生态等环境。自然环境与人类生存活动密切相关。自然资源具有稀缺、难以再生等特点。因此，随着人类社会为了生存和发展不断加强对自然资源的开发，也带来自然资源日益短缺、生态环境污染日益严重、全球气温不断上升等一系列发展问题。这些问题已经成为全球关注的焦点。人们保护自然环境的意识不断加强，不注重保护自然环境的企业，会受到媒体、公众的谴责，从而对企业造成不利的影响。政府也在不断加大保护自然资源和环境的力度，不断提高排污标准，造成企业能源成本不断提高。所有这些都直接或间接地给企业带来威胁或机会。企业在自身发展的过程中，除了关注利润指标外，还应尽到自己的社会责任，自发保护自然环境。

6. 科学技术环境

人类社会发展得以日新月异，归功于科学技术的飞速发展。在过去的半个世纪里，最迅速的变化就发生在技术领域，像微软、谷歌、苹果等高技术公司的崛起改变了世界和人类的生活方式。随着科学技术的不断发展，大量的新技术、新工艺、新材料被应用到设计和生产环节。企业的新技术变革对经营能产生深刻影响，技术优势已成为现代企业在激烈竞争中的主要优势所在。对企业的人力资源管理来说，新技术的飞速发展，既是机会也是挑战。随着新技术不断产生，企业产品开发与制造的周期越来越短，导致企业的岗位不断发生变化，很多旧岗位因技术的革新而消失，而新岗位要求员工必须具备更高的能力才能适应岗位需求，特别是掌握新知识、新技术、新技能的能力。在新技术不断更新的现代社会，要想单纯依靠在劳动力市场中招聘到符合要求的员工是不现实的。因此，今后人力资源管理面临的一个重大挑战就是要密切关注科技发展动向，发现和判断已经发生和将要发生的技术变革，预测本企业业务及岗位对工作技能需求的变化，制订和实施有效的人力资源战略开发计划，并对现有劳动力进行再培训，使之跟上迅速发展的技术要求。

7. 产业结构和政策

企业在进行产业分析时，应尽可能收集掌握所投资的国家和地区的产业结构和产业政策。一个国家或地区经济产业中，第一产业、第二产业、第三产业的比例是不断调整变化的。随着经济向新的广度和深度发展，第一产业、第二产业在国民经济中的比重会呈下降趋势，而第三产业的比重则不断提高。伴随着产业结构调整需要，产业政策往往也会作出改变。产业政策对产业作出的扶持或抑制的改变，会直接作用于产业劳动力市场的供求关系。一般来说，得到国家产业政策支持的产业，劳动力需求会增大，反之则下降。

8. 产业生命周期

产业生命周期理论认为，任何一个产业都必然会经历一个时间演变过程，即从出现到完全退出的过程。这个过程因为产业的不同而在时间上有所不同，但通常都划分为起步、成长、成熟、衰退四个阶段。产业的产生取决于社会对它所提供的产品和劳务有需求。比如服装产业的产生，是因为人类为了生存而必须购买衣服。产业的衰退甚至整体消失则是因为社会对这些产品或劳务的需求不断下降乃至消失。比如，白炽灯因为不够节能而不受市场欢迎，已逐渐退出了照明产业，被更加环保的节能灯所替代。企业在进入某个产业前，应当深入开展调查，准确判断该产业当前是处于哪个阶段，并以此为依据开展人力资源战略和规划。

9. 产业市场状况

产业的市场状况包括供求态势、需求分布以及需求变动三个方面内容。产业的供求态势是指产业所生产产品的供求状况和变化趋势。根据买卖双方各自的力量对比情况——供求状况有供不应求、供求平衡和供过于求。市场供求受商品经济规律、竞争规律、需求规律等各种经济规律的共同作用。一般说来，新型产业的市场需求呈梯度式推进。首先在经济发展和技术水平高的地区出现，逐步向经济发展和技术水平不高的地区推进。需求变动包括所需产品品种的变动和数量的变动。需求变动的频繁性可分内平稳性（如家具）、渐变型（如服装）、速变型（如计算机）三种类型。由于产业产品的需求变动类型不同，因此对企业的创新要求也有所不同。

10. 产业竞争环境

产业竞争环境的分析对于制订企业的战略非常重要。企业的利润很大程度上受行业竞争程度所左右。产业处于垄断竞争，则利润率最高；处于规模竞争其次；处于完全竞争利润率最低。这是因为影响企业的产业竞争环境的五种因素包括：行业现有的竞争状态、潜在入侵者、替代品、买方讨价还价能力、卖方讨价还价能力。一个完全竞争的市场，企业进入或退出的障碍阻力较小，市场上替代品很多，因此买方选择性很多，并利用这个特点来压低商品价格，从而影响企业利润。规模竞争特别是垄断竞争的产业市场，会迫使新加入者也必须以大生产规模进入，否则会因不是规模生产导致单位生产成本过高，不得不长期承受自身产品价格劣势的压力，导致利润空间变小。企业利润的大小，必然会影响企业对人力资源的投入。从这个意义上说，产业竞争环境对企业人力资源战略和规划也具有影响作用。

此外，人力资源管理外部微观环境还包括股东、供应商、顾客、竞争者等。由于这些因素的非独立性，它们也与企业存在着切实的利益相关，而被统称为利益相关者。

（二）内部环境

企业内部环境由存在于组织内部并影响组织运行的因素构成，主要包括企业的现有人力资源状况、企业总体发展战略、企业组织结构、企业资本实力与经营状况、企业文化、非正式组织、工会等。与外部环境不同，人力资源内部环境的各种因素处于企业的范围之内，因此企业能够直接影响它们。

1. 现有人力资源状况

现有人力资源是企业开展人力资源战略和规划的起点。只有弄清楚企业现有人力资源的数量、质量、结构分布等，才能科学开展下一步的预测、规划、招聘、培训等人力资源管理实践工作。人力资源数量分析的重点是通过测量各种业务所包含的工作量以及工作实践与人员需求，判断现有人员数量是否与企业业务量相符合。人力资源质量分析主要是分析现有员工队伍的受教育程度以及所受的职业培训状况。人力资源结构分布分析用于分析员工各个年龄段构成情况和从事业务、技术、生产、管理工作人员分布情况。一般情况下，企业现有人力资源状况可以借助人力资源档案中对每个员工的基本信息资料进行分析评估。

2. 企业总体发展战略

企业总体发展战略是企业为了提升竞争优势而制订的长远目标。为获取竞争优势，不同的组织会在强调创新、提高质量、降低成本、提高速度等竞争战略方法上有所不同。组织为了实现战略，根据需要设置各个部门，并将战略的长远目标分解为各个部门的具体目标任务。因此，部门目标都是和企业的总体发展战略目标保持一致。人力资源管理目标也一样。从这个意义上来说，企业战略是制订人力资源战略的基本出发点。不同的企业战略要求设置与其相匹配的人力资源战略，如成本领先战略追求的是产品成本的优势，其人力资源需要一般性的人才就能满足生产需要；追求创新的企业战略目标则需要企业人力资源部门必须招聘一流的研发人才，关注员工的职业培训，以促进技术发展。因此，企业必须首先明确企业的愿景、使命、经营宗旨及战略目标，才能确定一定时期内人力资源开发利用的目标、政策、实施步骤，制订相应的人力资源战略。

3. 企业组织结构

组织结构是组织的全体成员为实现组织目标，在管理工作中进行分工协作，在职务范围、责任、权力方面所形成的结构体系。它是企业的流程运转、部门设置、职能规划、职位数量和岗位职责的最基本结构依据。按照复杂性、正规化和集权化三个组织结构维度的差异，组织可以划分为机械式组织和有机式组织。机械式组织又可以称为管理行政组织，它的组织结构特征是高复杂性、正规化和集权化。这种组织严格保持着一条职权层级链，管理跨度十分窄，特别强调规则、条例和正规化的功能，在管理上不够人性化。有机式组织又称扁平式组织，它的组织结构特征是低复杂性、低正规化和分权化。扁平式组织通常设置较宽的管理跨度，以减少管理层次，提高组织处理问题的反应速度。它关注的重点是人性化和团队合作，而非标准化的工作和规则条例。不论是机械式组织还是有机式组织，只有采取与之匹配的人力资源管理活动，才可能获得高绩效。因此，企业管理者在决策过程中，应当注重管理协同化，追求组织结构和人力资源管理政策和实践之间的匹配，才能有利于企业形成竞争优势。

4. 企业资本实力与经营状况

资本实力与经营状况影响企业选择人力资源运作模式和制订人力资源管理制度，进而关系到企业的战略定位。在资本雄厚与经营状况良好的情况下，企业能有更多的资金投资在人力资源方面，企业能够提供优厚的待遇和良好的职业发展前景来吸引人才，并可以对员工进行高水平的培训开发。企业在资金不足与经营状况不好时，会减少在人力资源方面的投资，只能按需用人，减少储备直至减薪裁员。

5. 企业文化

"企业文化是指企业在一定价值体系指导下所选择的那些普通的、稳定的、一贯的行为方式的总和。价值观，尤其是价值目标，是企业文化的核心构成"。[1] 企业文化包含企业制度文化和企业外显文化两个层面。企业制度文化主要体现在生产、经营和管理的制度方面。企业外显文化通过日常工作行为来体现。企业文化是企业的灵魂，是企业在生产经营实践中逐步形成的精神和价值观。企业文化在人力资源管理实践中作用巨大，起着激励员工自豪感和主人翁责任感并内化为发展动力、凝聚员工共同认知并内化为向心力、规范

---

[1] 陈春花. 企业文化的改造与创新 [J]. 北京大学学报：哲学社会科学版，1999（3）：53-57.

群体价值观念评判标准并内化为共同行为准则等作用。在人力资源管理中，留住核心劳动力的关键在于把企业文化的核心内容灌输到员工思想之中，让员工认同和接受企业文化。

6. 非正式组织

非正式组织是在正式组织之内，没有经过正式的任命或相关程序，由于情感因素自发形成的一种非正式的群体和体系。自发性和情感性决定了非正式组织不可能具有严密的结构，处于一种比较松散和隐秘的状态。每一个组织内部都会存在非正式组织。从对正式组织的影响来说，非正式组织可以分为消极、中性、积极三个等级。从非正式组织自身的凝聚力来说，可以分为高、中、低三个等级。根据影响程度和凝聚力程度的不同组合，非正式组织又可以分为团队型非正式组织、积极型非正式组织、兴趣型非正式组织、社交Ⅰ型非正式组织、社交Ⅱ型非正式组织、监控型非正式组织、消极型非正式组织、危险型非正式组织、破坏型非正式组织九种类型。"因为形成原因、条件、目标等的差异性，不同的非正式组织在特征、作用和发展倾向方面也会表现出明显的差异。因此，"组织在协调非正式组织时，应根据非正式组织的类型特征，采取不同的办法。"[①] 在一个组织内，正式组织与非正式组织是协作中相互作用、相互依存的两个方面。总的来说，非正式组织对正式组织具有积极和消极两个方面的作用。积极方面是促进信息的沟通、满足成员不同需要、增强凝聚力、提高正式组织的弹性和应变能力等。消极方面是对正式组织滋生谣言、泄露机密、控制内部成员行为、影响效率、抵制变革等。

7. 工会

工会是一个非营利组织，同时也是一个带有强制性特征的经济组织。它是工人阶级的共同体，也是强大的特殊利益集团。在显示权利的同时，也与一些个人自由不兼容。工会成立时的基本职能是为了保证职工的合法权益不受侵害，并作为劳方（员工）代表，与资方（企业）进行谈判。随着社会的发展，工会的职能也在不断延伸。具体到人力资源管理方面，主要是根据工会章程和法律法规的发展和现实的劳动关系，参与到岗位设计、工作分析、员工招聘管理、员工薪酬管理和员工培训等方面。

第二节 人力资源环境分析的原则

环境分析的对象是企业赖以生存和发展的客观环境，如果第一步在取得信息的过程中

---

① 胡宇辰，曹鑫林. 论企业非正式组织的管理协调 [J]. 管理世界，2007（7）：166-167.

产生了失真，基于此信息的分析就很难制订恰当的人力资源规划。但是，在实践中，不同的人面对相同的环境，采用相同的分析方法和步骤也可能会得出相差比较大的结果。因此，在进行人力资源环境分析时要把握一系列原则，才能保证分析信息的客观真实。

一、客观性

环境因素是客观存在的，但因为采集途径、采集方法、个人偏好等原因，经过采集人员处理的信息并非真实的反映。因此，环境分析的客观性取决于收集信息的客观性。这就需要信息采集人员本着认真负责的态度，严谨开展信息的整理和分析工作。特别是针对关键因素，仔细核实信息源，尽量避免使用二手甚至是三手资料。同时，人力资源环境分析人员要改善自己的心智模式，保持客观的心态看待各类情况，切忌带着先入为主的假设或者成见去收集和分析已经发生的特定情况。

二、全局性和重点性

人力资源战略和规划受政治、法律、经济、社会、自然等宏观环境和企业内部战略、利益相关者等微观环境的影响。因此，作为其基础的环境分析就必须考虑多方面的因素。一方面，要从全局的角度出发，找出所有可能影响的环境因素，为下一步分析重点影响因素打好基础。另一方面，各个因素之间的影响力大小不同。有的环境因素是不变的、独立的，产生影响作用不受其他因素干扰；有的环境因素是可变的、非独立的，产生影响作用需要某一些环境作为中介。如果不能正确区分主要影响因素，将难以为决策提供有效的帮助。企业要找出对人力资源管理实践影响力大的重点因素，并对它们进行仔细分析。

三、系统性和前瞻性

人力资源管理的许多外部因素之间、内部因素之间、内外部因素之间是相互影响的同时，人力资源环境分析服务的对象即人力资源战略和人力资源规划也具有系统性的特征。因此，在进行人力资源环境分析时要注意各方面的联系和相互作用。

人力资源环境分析是通过分析历史信息，科学预测情势发展，从而为企业的下一步决策提供依据。其着眼点是企业明天的生存和发展。没有真实、可靠的历史信息，便无从寻找规律进而预测接下来的变化，企业将难以确定发展方向。同样，有了真实信息，但不对可能的变化情况进行分析把握，企业的生存和发展决策也终将是缘木求鱼。因此，企业在进行人力资源环境分析时，应力求全面分析各个方面的影响因素，既要着眼解决当前问题，也要着眼将来可能影响企业人力资源管理的各种因素。

第三节　人力资源环境分析的步骤与方法

企业在编制人力资源战略与规划之前，必须准确评估企业内外部环境，并对其变化带来的挑战和机会作出合理预测，才能适应环境的变化，科学开展招聘、选拔、开发、培训、薪酬、福利等人力资源实践。

一、人力资源环境分析的步骤

（一）识别环境因素

对企业进行外部环境分析，首先要明确环境因素包括哪些要素。有的因素在短期内就能对企业的决策和活动产生影响，而有的因素则需要通过长期的发酵才能发挥影响作用。因此，在收集信息时，尽量收集全面。

第一，细分需要收集的内容，可以更明确区分企业机会和威胁。从宏观环境到微观环境因素列出清单，比如，在内部环境要素上，可以列出股东、职工、工会、政府、顾客、供应商、债权人、投资者、所在社区、竞争者、贸易和行业协会、特殊利益集团等。

第二，在收集途径上，综合利用互联网、广播、电视、政府公报等渠道，进行多重比较，确保信息真实、可靠。

第三，在收集主体上，企业应当充分参与。欧美发达国家有着较为专业的信息统计和发布公司，相比之下，我国的信息发布仍有较大的差距。因此，在收集信息时，企业应当确立以我为主的原则。

（二）确认关键因素

明确企业外部环境由哪些因素组成后，接着就要确认什么是企业发展过程中的关键因素。这就要和企业所处行业背景、环境等联系起来。比如，对于准备实施成本领先战略的企业来说，主要从竞争因素入手，包括竞争对手分析和行业竞争状况分析。其中前者是要弄清楚谁是主要竞争对手，然后收集其资料，了解其产品、价格、销售渠道、销售策略、技术、生产状况等，找到竞争对手的长处和短处，然后对症下药，以战胜竞争对手。

（三）预测关键因素的变化趋势

根据确定的关键因素和收集的有关信息，预测这些因素可能发生的变化。预测方法可分为定量方法和定性方法。其中，定量预测技术适用于历史数据完整、各变量之间的关系又不会发生重大变化的情况；定性预测技术适用于历史数据不全或各种变量变化较大的情况。

(四) 描绘关系图

环境分析的最后一步就是把各种因素制成关系图，利用模型综合分析关键环境因素对企业的影响。通过对每一因素进行可能性分析和可行性分析，甄别这些因素给人力资源活动带来影响的程度大小，从而掌握人力资源实践面临的机遇和挑战。

二、人力资源环境分析的方法

人力资源环境的分析方法有很多种，主要介绍常用的几种分析法。

(一) PEST 分析法

PEST 分析法是外部环境分析的基本工具，从政治（politics）、经济（economics）、社会（society）和技术（technology）宏观因素对企业战略的影响进行分析。一般来说，企业在判断自身所处背景时，主要就是从这四个方面进行分析。其中，政治因素包括政治制度与体制、政局、政府的态度、政府制订的法律、法规；经济因素包括国民生产总值（GDP）、利率水平、财政货币政策、通货膨胀率、失业率水平、居民购买力水平、汇率、能源供给成本、市场化程度等；社会因素包括人口环境和文化背景，人口环境涉及人口规模、年龄结构、人口分布、种族结构以及收入分布等；技术因素包括那些引起革命性变化的新技术、新工艺、新材料的出现，以及发展趋势和应用背景。

此外，存在 PEST 分析的扩展变形形式。20 世纪 90 年代以来，随着经济全球化不断发展，全球化已成为影响企业经营的一个重要环境因素，因此在该方法中又添加了全球化（G）这一因素。STEEPLE 是社会（social）、技术（technological）、经济（economic）、环境（environmental）、政治（political）、法律（legal）、道德（ethical）的缩写。

PEST 分析法以扫描的环境因素足够宽泛而为很多企业所青睐。但是，因为太过追求全面而导致扫描的环境因素缺少针对性，没能对环境做进一步系统分类，导致企业在战略决策时无法抓住重点。另外，超量信息不仅增加企业的成本，而且对企业制订战略来说反而成了负担，使企业决策缺乏果断性，贻误企业对战略机会的把握。另外，PEST 法在扫描环境时，以相对静态的环境为主要分析对象，没有考虑企业的动态竞争（包括企业对其竞争对手的选择）。

PEST 分析法在人力资源战略制订方面主要有以下四个方面的作用：第一，它是一种使企业能够系统认识环境的分析方法；第二，它有助于企业能够顺利识别关键影响因素，这些因素尽管是个别现象或者与某些特定场合相关，却又与企业战略制订密切相关；第三，有利于企业准确找到产业长期存在的主要驱动力；第四，作为一种研究框架，PEST 分析法能通过研究历史性、前瞻性的外部因素，帮助企业识别各种影响。总之，通过分析外部环境，可以帮助企业找到对自身有影响的因素，从而对未来进行预测，并在情况发生变化时更好判断应该采取什么样的应对措施。其中的一些因素预测起来有相对较大的把握。如出生率可以预测 15 年以后劳动力的潜在规模；而某些因素预测起来则比较困难。

（二）波特五力分析法

五力分析法由美国学者迈克尔·波特于 20 世纪 80 年代提出。波特教授采用潜在进入威胁、替代威胁、买方砍价能力、供方砍价能力和行业内的竞争强度作为分析行业竞争结构的五种要素。这五种竞争力影响产品的价格、成本与必要的投资。一个新企业进入某个产业的威胁的大小，关键在于进入壁垒和已有企业的反击。其中，进入壁垒由许多因素共同作用而形成，这些因素主要包括规模经济、产品差异、资本需求、转换成本、获得分销渠道、与规模无关的成本劣势、政府政策等。对于企业来说，买方的砍价能力之所以形成竞争力，乃是因为买方往往善于利用产业中的企业互相竞争乃至对立这种状态，要求企业降低产品价格、提高产品质量或者提供更多服务项目等手段，从而从中获利。而更低的产品价格、更高的产品质量和更多的服务，则意味着企业必须增加产品投入，使利润受损。替代品是指与企业生产产品同种功能的其他产品。市场中替代品供应越多，价格越低，就会形成更加具有吸引力的性价比。对顾客而言，可选择的余地就越大。对于企业而言，则是竞争越大，利润空间进一步缩小。供货商对企业的影响力主要体现在两个方面：提高所提供产品的价格或降低所售产品（服务）的质量，从而对企业利润形成威胁。竞争对手对企业的威胁主要来自打价格战和广告战、引进新产品、提高售后服务质量等方式，从而争夺顾客。

五要素模型为评价产业的吸引力和便于竞争分析提供了一种有用的分析工具后来经过众多学者的本土化改造，波特的理论有了新的诠释。康孚咨询在多年的战略咨询实践中，开发出具有本土特色的战略五要素分析法（简称 ECSRE）。具体包括以下因素：企业的性质（enterprise）、企业（家）个性（characteristics）、企业的发展阶段（stage）、企业的资源（resource）、外部环境（environment）。

PEST 分析法和"五力模型"尽管在人力资源战略制订中运用较多，但是存在战略环境分析针对性不强、环境因素分类不明确、局限于环境静态分析和分析成本太大等缺点。

（三）SWOT 分析法

SWOT 分析法又称态势分析法或优劣势分析法，最早由学者安德鲁斯（Andrews）提出。SWOT 是优势（strength）、劣势（weakness）、机会（opportunity）和威胁（threat）英文名称的缩写。这种分析框架认为，在企业战略过程中，内部因素和外部因素具有同等重要的影响力。基于这个框架的分析，企业可以对组织的内部和外部环境进行综合和概括，从而确定面临的竞争优势、竞争劣势、机会和威胁。这种分析方法可以实现组织战略与内部资源、外部环境的有机结合，使组织有效利用有利条件和机遇，控制或化解不利因素和威胁，形成独特的能力，获取竞争优势。

该分析框架从层次上可以分为两个部分：第一部分是用来分析内部条件的竞争优势（strength）和竞争劣势（weakness），简称 SW；第二部分是用来分析外部环境的机会（opportunity）和威胁（threat），简称 OT。通过这种方法，企业可以找出哪些是有利的、值得提倡的因素，哪些是不利的、必须避免的事情，从而明确企业将来的发展战略。基于 SWOT 分析，企业就可以进一步明确什么问题是急迫的，必须马上解决；什么问题可以缓一缓；什么问题涉及整体战略，必须重视；什么问题只是战术层面的。在此基础上，再一一罗列这些研究对象。然后，排列成矩阵形式，并利用系统分析方法，对各种因素进行配对分析，从而获得一系列的结论。运用这种方法，可以对企业人力资源所处的情势进行全面、系统、准确的分析，从而根据分析结果制订相应的人力资源战略、规划及对策等。

通过调查，运用 SWOT 分析法将与企业人力资源有关的优势、劣势、机会和威胁等一一列举出来，并依据矩阵形式排列，然后运用系统的思想，把各种因素相互匹配起来加以分析，从中得出一系列相应的结论。这些结论往往包含有一定的决策性。SWOT 分析法在人力资源中的运用分为两部分：一是通过分析企业的优势和劣势、机会和威胁来决定企业的人力资源战略；二是通过分析企业内外的人力资源优势和劣势、机会和威胁来制订人力资源战略的实施路径和办法。

（四）PIMS 定量分析法

PIMS 分析，又称战略与绩效分析或者 PIMS 数据库分析方法，是数据库技术在竞争分析中的运用，是竞争对手分析的重要构成部分。PIMS 是一个进行战略环境分析的详细的行业数据库，学术界通常将 PIMS 定量分析法称为 PIMS 原则。PIMS 研究最早于 1960 年在美国通用电气公司内部开展，旨在找出市场占有率的高低对一个经营单位的业绩到底有何影响。它的出现开启了企业战略环境定量分析的新纪元。它通过对战略业务单位所处市场条件（分销渠道、业务规模、市场增长率等）、财务和经营绩效以及在市场中的竞争地位（市场份额、相对质量、价格和成本以及垂直一体化程度）等战略环境维度的详细描述，揭示战略性因素（产品、服务质量、研发等）及市场环境对企业营利性和增长的影响。PIMS 数据库采集非常庞大的信息量，这些数据囊括 2000 多家经营单位 4 至 8 年的信息。源于数据库异常庞大的信息数据，PIMS 分析法也就具备很强的环境分析功能。

（五）脚本分析法

考特尼等提出的脚本分析法是一种定量分析和定性分析相结合的战略环境分析方法。它寻求扩大环境因素分析范围的可能性，以此来提醒决策者不要忽视某些环境因素，同时将这些可能性整合到组织易掌握和应用的情景中。脚本分析法分为两类：定量脚本法和定性脚本法。其中，定量脚本法以数学预测为基础，对每个脚本在环境中发生的可能性作出概率估计，评价变量之间的关系以及一个变量变化对另一个变量的影响；定性脚本法是根据环境中已知的趋势对未来变化的明确主题进行直觉性的猜测。一个脚本是用来描述一个方案未来的各种可能性，在一个程序中，多个脚本将帮助决策者避免错误，也就是说，针对不确定的环境，决策者将选择不同的脚本方案即采取不同战略以应对不同环境。PIMS 原则侧重于在竞争战略层面上对企业的 SBU 进行实证经验的分析，进而确定影响企业营利性和增长的主要战略性因素。这为企业战略环境分析提供了极大的量化支持。但是，其所列信息过于细致、繁杂，对于不同行业的数据的初期收集存在困难，面对快速变化的、不确定的环境，企业往往会被如此细致的数据捆住手脚，丧失转瞬即逝的战略机会。脚本分析法是在假定环境已知的情况下进行企业战略及其结果的预期，一定程度上对环境的动态性进行了预测，用脚本法得到的预测结果是生动形象的。虽然它不能消除环境不确定性的挑战，但脚本法对指导企业面对未来的实践活动仍然具有很好的参考价值。

（六）环境不确定性分析框架

外部环境具有不确定性的特性，这种不确定性程度的差异，造成具体环境的差异。环境的不确定性使企业想准确评估外部环境并抓住其变化规律变得相当困难。从这个意义上来说，环境的不确定性增大了企业面临的风险。影响企业经营的外部环境因素很多，而这些环境因素又是不确定的。因此，企业必须找到分析这些不确定因素的办法，才能有效减少这些环境带来的不利影响。比较直观的办法就是对环境的不确定性进行分类。比较常用的分类办法是汤姆森的分类办法。该办法用不同等级来衡量环境的不确定性。而等级的考量维度；是外部环境的变化程度和复杂程度。其中，变化程度分为稳定和动荡维度；复杂程度分为简单和复杂维度。复杂程度测量的是外部环境因素的多寡。影响企业经营的环境因素种类越多，环境就越复杂，反之就越简单。变化程度测量的是环境变化的速度。变化速度越快的环境，动荡维度越高，变化速度较慢的环境则相对稳定。就社会组织来说，处在技术含量高的产业中的企业组织，因为科技的飞速发展，其环境相对不稳定，而政府部门等公共组织的环境变化则比较缓慢。

对人力资源管理环境的分析和评价主要考虑环境的复杂性和稳定性。环境的简单或复杂程度以及稳定或不稳定程度组成了四种环境状况：相对稳定和复杂的环境、动荡和复杂的环境、相对稳定和简单的环境（确定性环境）、动荡而又简单的环境。在简单、稳定的条件下，不确定程度很低。企业可以借助对过去环境的分析来对当前面临的环境现状进行比照和预测。在复杂与稳定的情况下，不确定性有所增加。因为复杂程度高，所以在分析时需要考虑到很多的外部因素。而因为处在一个相对稳定的状态下，环境的变化较为缓慢，因此对环境的趋势还是可以预测的。对于外部因素较少，却又处于快速变化的环境来说，其不确定性程度因为环境自身的不断变化而进一步增加。尽管构成因素少，但想准确预测时刻处于变化中的这些因素却是困难的。不确定程度最高的环境当属既复杂又不稳定的环境。在这类环境中，环境因素多且变化频繁。特别是当几种因素同时变化时，环境会发生激烈动荡。

应对环境不确定的常见战略主要有外部战略和内部战略。

内部战略的做法是调整或改变企业自身的行动以改变环境，如企业在掌握环境的不确定程度之后，便可以根据危险程度高低，采取相匹配的战略，比如单独选择外部战略或者内部战略，或者选择两者综合的混合战略等，以减少环境不确定性程度。

人力资源环境分析方法中，PEST分析法涉及政治法律、经济、社会文化以及技术环境，其中前三者与人力资源关联度较大，但是该方法对人力资源环境分析缺乏系统性和针对性。SWOT分析法能够评估组织内外的人力资源环境，但是过于笼统，难以细分人力资源环境的关键因素和非关键要素。波特五力分析法主要对行业的人力资源竞争环境进行评估。环境不确定性分析法侧重定性分析，缺乏细致的定量分析。这些方法各有利弊，在评估人力资源环境中是相辅相成的，需要综合应用。

第三章　现代人力资源战略的形成及类型

第一节　企业战略与人力资源战略

一、企业战略与人力资源战略的基本关系

（一）企业战略对人力资源战略的选择起决定作用

早期人力资源战略认为企业战略和人力资源战略是一种单向的关系（垂直关系），与其他职能部门的战略一样，人力资源战略是建立在企业战略基础上的，并能够反映企业今后的需求。

戴尔在1984年提出组织战略是组织的人力资源战略的主要决定因素，并列举实证研究支持这一观点。拉贝尔在调查加拿大企业的高层管理层关于人力资源战略的形成过程时发现，组织战略被提及的频率最高，被调查者大部分认为组织战略是人力资源战略的决定因素；同时发现，如果组织所追求的战略目标不同，其人力资源战略的形成就会有显著的差异。

美国学者舒勒在1987年提出，较高层次的组织战略是人力资源战略的决定性因素。不同的组织战略决定不同的人力资源战略，战略通过对组织结构（职能型或直线型）和工作程序（规模生产或柔性生产）的作用对人力资源战略产生影响。他在1984年提出了人力资源战略形成的5P模式，即理念、政策、计划、规则和过程，认为组织的外部环境和内部环境都会决定组织战略需求并改变其形成战略的方式。在对内部环境因素进行分析的基础上，最高管理层制订全面的组织使命，这些目标、方案及政策是人力资源战略的一部分。因此，舒勒的研究强调企业战略与人力资源战略之间存在着紧密联系，后者与前者是一体的。

舒勒提出的表征组织战略、战略经营需求与以 5P 模式为主要内容的战略人力资源管理活动的关系，组织战略与内外部环境都能决定组织的战略经营需求，从而影响企业的战略人力资源管理活动。

舒勒认为，在判断 5P 中的所有活动是否具有战略性时，不该看活动是长期的还是短期的，是与高层管理者相关的还是与雇员相关的，而是应该看这些活动是否与企业的业务战略系统相联系。人力资源战略应该做到：①与组织战略和公司战略需求系统整合；②人力资源政策应该在不同的业务领域和不同的管理层次相一致；③人力资源规则应该被一线业务经理和雇员作为日常工作的一部分所接受、调整和使用。

（二）人力资源战略对企业战略的实施起支撑和影响作用

在早期对人力资源战略形成的描述性研究中，戴尔在 1984 年的研究结论是组织战略和人力资源战略相互作用，组织在整合两种战略的过程中，要求从人力资源角度对组织战略的灵活性、可行性及成本进行评估，并要求人力资源系统开发自己的战略，以应对因实施组织战略而面临的人力资源方面的挑战。

伦格尼可·霍尔提出的人力资源战略形成的"相互依赖"模型认为，组织战略与人力资源战略的形成具有双向的作用。他的研究证实了人力资源战略不仅仅受到组织战略的影响，同时也受到组织是否对未来的挑战和困难做好准备的影响。当然，这些影响并非是单向的，人力资源对全面的企业战略的形成和执行有着独特的贡献。伦格尼可·霍尔提出人力资源战略的产生是为了适应组织的成长期望和组织对期望的准备，如果组织有较高的期望但人力资源战略还不成熟，组织会采取以下行动：①对人力资源进行投资以提高执行能力；②根据所缺乏的准备条件调整组织目标；③利用现在的人力资源配置优势改变战略目标。在这三种情况下，人力资源战略和组织战略相互提供信息并相互影响。

人力资源战略支撑着企业战略的实施与调整。也就是说，只有充分发挥人力资源战略对企业战略的支撑作用，才能保证企业战略的实现。不仅如此，人力资源战略的制订、实施及调整，还可以促进企业战略的升级和转换。

综上所述，企业战略和人力资源战略的关系密不可分，企业战略决定人力资源战略，人力资源战略支撑和影响企业战略的实施。同时，还应该看到，人力资源战略与企业战略的关系是一种动态适应和调整的关系，这种调整是在两者的相互作用与影响下不间断地持续进行的。也正是这种动态中的适应—调整—再适应—再调整，保证了企业战略和人力资源战略的生命力。

(三) 企业战略与人力资源战略关系的时间形式

如前所述，企业战略与人力资源战略是相互影响、互为依存的关系。但在企业的实际运作中，人力资源战略和企业战略之间存在着四种不同形式的关系，具体如下所述：

1. 行政关系

人力资源部门与企业战略管理的全过程相分离，仅仅从事与企业的核心业务没有什么联系的日常性行政管理工作，并且人力资源部门不参与企业战略的形成及实施，这样也使得企业战略难以有效地实施。

2. 单向关系

企业战略制订后再通知人力资源部门，人力资源部门的职能就是根据企业战略制订和实施人力资源战略方案。它虽然承认人力资源部门在战略执行过程中的重要作用，但人力资源职能被排除在战略形成过程之外，这也导致企业战略往往不能成功实施。

3. 双向关系

在战略形成过程中，人力资源部门的职能体现在三个按时间先后发生的步骤之中：人力资源部门被告知可能的企业战略选择；对配合企业战略的人力资源要求进行分析，并将结果报高层管理团队；形成企业战略决策后，高层管理团队再将企业战略传达给人力资源部门，由人力资源部门设计执行企业战略的人力资源管理制度和方案。这样往往能够较好地保证企业战略的形成及实施的成功。

4. 一体化关系

人力资源的职能直接融入战略管理的全过程中，没有时间先后的顺序。两者始终处于一种动态的、全方位的、持续的联系状态。表现特征就是人力资源的高层管理者成为高层管理团队的重要成员，参加企业所有重要的经营决策及战略的实施，其结果是能够保证企业战略所需要的人力资源的储备及投入，进而成功实现企业战略。

以上四种关系下人力资源管理的特点及对企业战略的影响见表3-1[①]。

---

① 霍生平，张燕君，郑赤建等. 人力资源战略与规划 [M]. 湘潭：湘潭大学出版社，2016：99.

表 3-1 四种关系下人力资源管理的特点及其对企业战略的影响

四种关系	人力资源管理活动	人力资源管理部门的地位	人力资源管理部门对企业战略的参与	结果
行政关系	孤立的人事日常事务处理	较低层次服从	无机会，不参与企业战略的形成和实施	停留在人事管理的水平，企业战略难以有效实施
单向关系	人力资源部门根据企业战略的制订和实施人力资源战略	中高层次服从	参与战略实施，未参与战略形成	由于没有参与企业的战略制订，导致企业战略难以成功实现
双向关系	在形成企业战略的过程中提出建议，将人力资源问题一并考虑，进而实施企业战略	较高层次服从和建议	既参与战略形成，也参与战略实施	彼此相互依赖，较好地保证战略制订，能成功实施
一体化关系	人力资源管理活动完全融入企业战略的制订、实施之中	决策层决策、执行	持续地、全面地参与企业战略的制订、实施	保证企业在竞争中处于有利地位，及企业战略的成功实现

二、人力资源战略对企业竞争优势的影响

人力资源战略的最终目的是通过人力资源管理，发掘和保持企业竞争优势的源泉。

竞争优势的概念于 1939 年由英国经济学家张伯伦率先提出，其后由霍弗和申德尔将其引入战略管理领域。霍弗和申德尔认为，竞争优势是一个组织通过其资源的调配而获得的相对于其竞争对手的独特性市场位势。20 世纪 80 年代中期，哈佛商学院的迈克尔·波特在《竞争战略》一书中对竞争优势给出的解释是，竞争优势，就其根本而言，源于一个企业所能够为其买主提供的价值，这个价值高于企业为之而付出的成本。相对于对手而言，卓越的价值在于为顾客提供同等的效用，同时保持价格低廉，或者为顾客提供独特的效用而顾客愿意为之付出高昂的价格。

（一） 企业竞争优势的类型

企业竞争优势具有以下三种基本类型：以占有为基础的竞争优势、以获取为基础的竞争优势及以能力为基础的竞争优势。

1. 以占有为基础的竞争优势

以占有为基础的竞争优势是指企业所拥有的位置和资源能使该企业在与对手的竞争中抢占上风。包括市场上的强势定位，如微软操作系统在 PC 业中的霸主地位；独特的资源，如卡特彼勒公司的全球供应和服务支持系统；卓越的经营管理人力和团队，如通用电气公司的杰克·韦尔奇和他培养的管理梯队；卓越的组织文化，如明尼苏达矿业及制造公司鼓励创新的企业文化；被顾客高度认可的品牌和企业声誉，如宝洁公司在个人保健卫生用品方面的知名度和美誉度等。

2. 以获取为基础的竞争优势

以获取为基础的竞争优势是指一个企业在优先和优惠条件下与资源要素市场或产品市场的接触和获取，这样使它能够比对手更好地为顾客提供有价值的产品或服务。这种获取取决于企业是否能够有效地借用其他营利或非营利机构的知识、资源、经验、长处、市场覆盖面和任何有关的权利和权威。也就是说，这种竞争优势存在于企业与经营环境中其他有关方面间的关系中，如企业与供应商、合作者、分销商及许可证、配额等的发放机关和新产品的批准、监督机构的关系。

3. 以能力为基础的竞争优势

以能力为基础的竞争优势是指企业具备的知识、技巧和能力使它能够比对手更有效果或更有效率地运行、操作，从而为顾客创造优异的价值，包括很强的研发能力、技术诀窍、对顾客的详尽了解、识别市场计划的本领，以及组织学习与创新的能力等。这种竞争优势与外向型的、以获取为基础的优势不同，它主要处于企业内部。同时，这种竞争优势与取决于企业地位和资源占有为基础的优势也不同，它主要取决于企业实际操作的能力和制造、营销、服务等能力。

（二）人力资源战略管理提升竞争优势的模式

1. 直接提升竞争优势

企业通过人力资源战略提升竞争优势的形式很多。如在企业的经营运作中，可以通过有效的人力资源管理实践实现成本领先。与人力资源管理有关的成本支出在招聘、甄选、培训、薪酬等环节中较多，构成了企业花费的主要部分。这些成本支出在与服务有关的行业中特别高，大约占 70% 的比例。在不同的竞争者之间，这些与人力资源管理有关的成本有很大的差别，善于控制成本的企业就能比对手获得竞争的优势。值得注意的是，人力资源管理实践的科学性将直接影响竞争优势的产生。

总之，通过人力资源管理实践直接建立竞争优势的操作，要非常注重对人力资源实践活动诸多环节的分析,不仅要在理论上符合要求,还要在人力资源环境、社会环境、求职心态等方面探究其可行性,充分分析人力资源因素成本,才能有效地将人力资源实践转化为竞争优势。

2. 间接提升竞争优势

人力资源战略间接提升企业竞争优势体现在:人力资源战略指导人力资源实践,人力资源实践导致出现以员工为中心的结果,以员工为中心的结果又引发了以组织为中心的结果,以组织为中心的结果即提升了企业的竞争优势。

(1) 人力资源管理实践导致出现以员工为中心的结果。以员工为中心的结果主要指人力资源管理实践能够导致企业员工的能力、动机和工作态度发生积极的改变,如表3-2[①]所示。由表3-2可见,招聘和选拔、培训、绩效评估、薪酬等人力资源管理实践影响员工的工作能力;招聘和选拔、绩效评估、报酬及生产率改进方案等实践影响员工的工作动机;而贯穿于人力资源管理实践的公平性则影响员工的工作态度。

表3-2 各项人力资源管理实践活动对员工的能力、动机、态度的影响

项目	招聘和选拔	培训	绩效评估	薪酬
员工能力	通过识别、吸引和选拔出最能干的求职者,大幅度提高整个公司的人力资源队伍的能力	通过培养员工与工作相关的知识、技能与能力,提高员工胜任工作的能力	通过绩效考核来牵引员工的行为,并通过绩效改进来促进整个公司的人力资源队伍能力的提高	通过具有内部公平性和外部竞争性的薪酬,使公司能够吸引和保留那些有能力的员工
员工动机	通过识别员工的内驱力,来使公司所挑选的求职者与公司的期望保持一致		通过绩效考核和绩效反馈,并且将考核结果与员工的报酬相挂钩,来改变员工的工作动机	通过强化正确行为的生产率改进方案和对员工的授权来改变员工的工作动机
员工态度	员工的工作态度包括工作满意度、组织承诺、组织公民行为等,这些与工作有关的态度都受到人力资源管理的公平性的影响,而这种公平性也贯穿于各项人力资源管理实践之中。			

[①] 霍生平,张燕君,郑赤建等. 人力资源战略与规划 [M]. 湘潭:湘潭大学出版社,2016:105.

(2) 以员工为中心的结果引发以组织为中心的结果。当人力资源管理达到某些以员工为中心的结果，而以员工为中心的结果就会导致某些以组织为中心的结果，从而导致竞争优势的产生。以组织为中心的结果包括产出、员工留用、遵守法律、公司声望和形象等方面。以员工为中心的组织可以通过以下方式实现以组织为中心的结果：其一，有能力胜任工作，并且具有较好工作满意度和积极性的员工往往也具有较高的生产率，从而提高组织的产出。其二，员工的工作满意度、组织承诺度的提高能够有效地降低员工的离职倾向，从而提高组织的员工保留率。其三，员工的组织行为能够有效地提高团队的凝聚力，从而提高组织的生产率，并能够减少员工的离职数量。其四，员工的工作满意度和组织承诺度往往是建立在公平、公正的人力资源管理实践的基础之上的，而公平公正的人力资源管理制度能够降低企业遭受就业法律诉讼的可能，并能够提高公司的形象。

(3) 以组织为中心的结果提升企业的竞争优势。以组织为中心的结果最终能够形成企业的竞争优势，具体表现在以下方面：其一，在人员数量不变的情况下，组织产出的增加能够有效降低企业产品的单位成本，从而增强企业的成本优势。其二，员工保留能力的提高，能够降低由于人员流失所增加的替代原来员工的人工成本和组织成本，从而增强企业的竞争优势。并且员工保留能力的提高，能够形成一支高度稳定的员工队伍，从而有利于提高顾客的保持率，为企业带来财务价值的增加。其三，遵守就业法律能够减少企业的法律诉讼，节约企业的成本。其四，公司形象的提高和公平的人力资源管理者能够帮助企业提高产品的差异化程度，从而增强企业的竞争优势。

总之，通过以上各层次作用的传导，以人力资源战略为指导的各项人力资源实践活动实现了对企业竞争优势的有效影响和作用，从而推动企业的发展。

(三) 人力资源对建立企业持续竞争优势的作用

1991年，美国管理学者巴尼提出，如果一个企业实施某种价值创造战略，而市场上其他企业或即将进入的公司无法同时做到，并且也无法同时复制时，这个企业就具备了持续竞争优势。企业持续竞争优势主要建立在具有异质性和不完全流动性的资源上，这种资源包括物质资源优势（如新机器设备、特殊的区位优势等）、人力资源优势（如经理人员、人际关系等）和组织资源优势（如组织协调系统、信息系统等），作为企业的持续竞争优势必须具备四个方面的特征：价值性、稀缺性、难以模仿性及不可替代性。

美国学者赖特通过证明人力资源符合上述四个特征，从而推导出人力资源对建立企业持续竞争优势的作用。

第一，人力资源的价值性。人力资源的价值性表现在高素质人员队伍往往是企业利润的直接来源。正因为人力资源的价值性，所以市场中对于人才的竞争从来没有停止过。

第二，人力资源的稀缺性。企业人力资源的稀缺性主要表现在知识型员工超出市场平均水平的智力与能力。这里的知识型员工包括企业家、高级经理人员、高级工程技术人员及一般高技能操作人员。由于知识型员工形成的周期长，企业很难通过短期的培训或购买获得，因此哪个企业拥有他们，就意味着拥有竞争对手短期内无法比拟的竞争优势。因此，企业可以通过精心策划的招聘、培训、激励、薪酬设计等人力资源手段组合，吸引、留住这些人才，以建立持续的竞争优势。

第三，人力资源的难以模仿性。人力资源的难以模仿性主要是由人力资源形成路径的依赖性造成的。人力资源的某些具体做法，操作工具或技巧可以通过学习而模仿，但人力资源管理中最核心的价值观却因为其形成的特殊历史条件、社会发展阶段、企业文化等，很难被模仿。

第四，人力资源的不可替代性。物质资源可能会由于技术进步等原因表现为一定的生命发展周期，从而很容易被新产品所替代。而人力资源由于劳动者与劳动力的不可分性，并且只有当人力资源与物质资本相结合时才能形成生产力，因而很难被替代。

总之，企业要取得持久的竞争优势，必须重视人力资源的获取及管理。一个具有卓越的人力资源战略管理实践的企业，将会通过人力资源这一宝贵的企业资源，为企业创造价值并带来持续的竞争力。

三、利用人力资源战略提升企业竞争优势的方法

（一）战略生产力开发

战略目标只有在生产力的推动下才可能实现。符合战略需要的、足够强大的生产力，是组织落实战略规划的必要条件。组织从外部招聘员工，满足战略对人力资本及生产力的需求。但是，战略的变化需要及时调整、补充生产力，外部引进往往难以奏效。于是，产生了内部开发的必要性。通过教育与培训活动，把学习力转化为生产力。

1. 学习力与战略生产力

学习是一种通过体验或者传授而获得某方面知识或技能的活动。个人为了获得生活与成长能力需要学习，组织为了满足生存与发展需求同样需要学习。

学习是有成本的活动，既有学费等货币成本，也有时间、精力、智力等非货币成本。无论货币成本由谁来承担，学习者个人都必须付出非货币成本。非货币成本的付出需要动力。个人主动的学习或满足个人需要的学习，动力问题就可以迎刃而解了，同样，为了实

现组织的战略目标、满足组织生产与竞争需要的学习，也必须解决好学习者即组织成员的学习动力问题。为此，需要人力资源管理专家做好培训需求评估工作，选择好学习者和指导者，设计好学习计划和实施程序。只有这样，才能解决好员工的学习力问题。

学习力一般可以理解为一个人在通过体验或者传授获得知识和技能的过程中所表现出来的动力强度、意志水平和认知能力。

动力强度取决于学习的目标、兴趣和动机，目标越大，兴趣越浓，动机越强，动力强度就越大。

意志水平由价值观念、心理素质、目标定位等因素决定。学习活动越符合个人价值观，心理素质越好，目标定位越清晰，意志力水平越高，参加学习活动就越能够持久，效果也就越好。

认知能力源于智力水平和知识基础，主要包括阅读能力、理解能力、分析能力、判断能力、记忆能力等方面，智力越发达，知识内容越丰富，认知能力就越强，学习效率就越高。

学习力越强，学习的效率和效果越好。学习力是决定个人和组织竞争力的核心要素。认识学习和学习力的本质与特点，有利于做好组织战略生产力的开发工作。

战略生产力，是指在实现组织战略目标的生产（或服务）活动中生产者（或服务者）所发挥的作业能力（即劳动能力）的总和。为了获得充分的战略生产力，需要保持和强化员工的学习力，通过实施一系列教育与培训计划，不断将学习力转化为生产力。

在这一过程中还有一点需要注意，即学习者的学习效果问题。一般而言，具有一定学习力的人，在通过体验和传授获取知识和技能的初期，学习绩效呈上升趋势；到中期会遭遇"高原效应"——进步缓慢或者停滞不前，此时常有人知难而退。有毅力者将继续努力，此后，高原反应消失，学习绩效出现持续上升态势。这意味着在组织实施有针对性的教育与培训计划的早期阶段，员工的学习效果即生产力水平往往会有比较显著的提高，到中期会出现停滞现象，到后期又呈上升之势。人力资源开发管理者如果能够及时预期或是识别到这种变化，并采取行之有效的激励措施促进学习进程，高原效应有望得到较好的抑制，学习绩效的持续增加和生产力水平的提高就可能成为现实。

2. 提升战略生产力的方法

战略生产力主要是指组织中生产者所具备的基于战略性生产的作业能力，即一线员工的关键劳动能力或工作能力。

提升组织战略生产力主要有以下几种方式：

（1）在岗培训。一边工作，一边接受上司或专业人员的指导，不断掌握工作岗位所需的知识和技能，成为熟练的工作者。

（2）学徒式培训。建立正式的师徒关系，由师父针对工作岗位要求，向徒弟提供理论知识和实践经验等多方面的指导与咨询服务。在技能水平要求较高或者员工学习能力较低的情况下，学徒式培训方式比较有效。

（3）课堂指导。在课堂内对员工进行集中指导，传授知识和技能。也可以通过学员之间、学员与指导者之间的互动，比如案例分析，增进学习绩效，提高实际工作能力。

（4）视听培训。通过感受音频和视频信号（如听广播或观看录像资料），获取有价值的知识或信息。

（5）模拟训练。通过模拟实际工作状态或情景，对员工进行培训，如模拟生产过程、模拟营销市场、模拟商务谈判等。让员工扮演任职或拟任职角色，按照实际工作规范和要求上手操作或采取行动，由指导者观察、评价，提出改进意见和建议。

（6）拓展训练。也称为户外拓展训练或户外体验培训。许多企业或其他组织采用这种新兴的培训技术，目的是提高人际沟通能力、团队合作能力、组织协调能力、领导决策能力和个人心理素质。一般的过程是把平时在一起工作的人集合起来，带到一个完全不同于日常工作场景的户外环境或专门建造的设施中，进行体验式和参与式训练。拓展培训对于组织具有增强凝聚力、提高竞争力和促进变革与学习的作用，对于参加训练的个人具有多方面的作用，如释放生活与工作压力，调节心理平衡；认识自身潜能，增强自信心；提高自我控制能力，从容应对压力与挑战；强化探索精神与创新意识，培养进取心；学会更好地与人沟通与合作，优化人际环境。

（7）电子化学习。美国培训与发展协会（ASTD）给电子化学习下的定义是由网络电子技术支撑或主导实施的教学内容或学习。电子化学习以网络为基础，具有极强的交互功能，开放式的学习空间带来前所未有的学习体验。在企业人力资源开发中，电子化学习以硬件平台为依托，以多媒体技术和网上社区技术为支撑，将专业知识、技术经验等通过网络传送到员工面前。员工可以随时随地利用网络进行学习或接受培训，将学习力转化为个人的生产力，进而提升企业的竞争力。

（二）战略领导力开发

战略领导力是领导者选择和执行战略的能力。领导者是战略决策者，他们的战略决策对组织的存在与发展具有决定性的影响。领导者又是战略执行者，他们只有把自己及其团队制订的组织战略付诸实践，才能够体现存在的意义和工作的价值。领导者的选择能力和执行能力，取决于他们的领导力。领导力的开发具有战略意义。

1. 领导力与执行力

战略领导力是领导者战略决策能力和执行能力的总和。决策是重要的，但重要的决策只有在充分的执行力推动下才可能变成现实。当组织的领导者选择了正确的战略之后，领导者执行力的强弱就成为战略成败的关键。

以戴尔公司的成功为例。戴尔公司是根据 OME 模式来运营的企业，原材料供应商和产品制造商的管理是戴尔公司的关键。戴尔本人对此非常重视，不仅对各个供应商的报价和产品标准了如指掌，而且还派高级管理人员不断巡视这些厂家，同时每年还要亲自到供应商的生产现场考察数次，对生产细节深究不已。

2. 开发战略领导力

战略领导力开发是一件既简单又复杂的事。说其简单，是因为领导力似乎是一种与生俱来的天赋和高度个性化的能力，主要依靠个人在自我学习、体验、领悟中实现能力的增长；说其复杂，是因为领导力的形成机制具有多样性、特殊性和不确定性，仅靠个人的力量往往事倍功半。通过经验传授、集体研讨、专家指导等多种方式，有利于促进领导力的提高，收到事半功倍的效果。

对于选择并且决定要做一个有影响力的商界领袖的人，可以通过观察其他领导者，并把这种观察融入自己的领导风格中，从而获益。这就是说，领导力能够在模仿中获得提高。

第二节 人力资源战略的形成

一、人力资源战略的形成模式

（一）战略形成的理性规划法

早期人力资源战略形成的规划模式与人事规划模式相比，存在一些关键差异，主要体现在：①规划过程中提出的问题；②规划的参考标准。人事规划模式是在企业规划基础上预测人力资源的需求，并根据组织内部的供应分析调整这些需求。其关注的最根本的问题是组织所需要的技能、组织内部的人事流动以及组织各层级的人员配置等。而早期的人力资源战略形成模式将组织的长期需求，以及广泛的人力资源相关问题如柔性运营、员工竞争力、士气及承诺等统筹考虑，即在组织战略和人力资源战略之间是一种单向的关系，与其他职能单位，如财务或市场部门的专项战略一样，人力资源战略主要建立在组织战略的基础上，并能够反映组织今后的需求。

最近有人提出人力资源战略形成的5P模式，即所谓理念（philosophy）、政策（policy）、方案（programs）、实践（practices）、过程（processes）。当然这一模式的核心仍然是人力资源战略应建立在组织战略基础上。组织的外部环境（如经济、市场、政治、社会文化、人口）、内部环境（如组织文化、现金流、技术）都会决定组织的战略需求并改变其形成战略的方式。在对上述因素分析之后，最高管理层提出全面的组织使命，明确关键性的目标，说明管理方案及程序，以帮助组织实现战略目标。这些目标、方案以及政策当然成为人力资源战略的一部分。因此，这一模式同样强调组织战略与人力资源战略之间存在紧密联系，后者与前者是一体的。

美国管理学家戴尔提出，组织战略是组织化的人力资源战略的主要决定因素，并列举了实证研究结果支持这一观点。其中一项研究是拉贝尔对11家加拿大企业的最高管理层进行的人力资源战略的形成过程的调查。大部分被调查者都认为组织战略是组织化人力资源战略的决定因素。该项研究同时发现，如果组织追求的战略目标不同，其组织化的人力资源战略形成就会有显著的差异。当然，也有学者指出，在人力资源战略服从企业战略的前提下，二者之间存在双向沟通的必要性，战略人力资源管理可看作公司的战略及其人力资源管理之间的沟通桥梁。

舒勒认为，人力资源战略会在五个方面发生变化，这五个方面分别是：规划、配置、评估、报酬以及培训与开发。这五个方面的变化贯穿三个主要的组织战略：动态成长战略、盈利战略和转变战略。舒勒总结道，在较高的组织层次，组织战略是人力资源战略的决定因素，不同的组织战略决定不同的人力资源战略，有的对整个人力资源战略产生影响，有的仅仅对人力资源子系统战略有所作用。战略也会通过对组织结构（职能型结构或产品型结构）和工作程序（大规模生产或柔性生产）的作用来施加对人力资源战略的影响。

虽然很多研究证实人力资源战略往往是在组织战略基础上形成的，但是从20世纪80年代中期开始，有些研究者提出组织战略也应考虑到不同职能部门的特殊限制。他们认为，人力资源职能在形成组织战略使命中起到了非常重要的作用，当然其自身也是公司战略的重要组成部分。其原因在于组织使命同时被定义为环境职能（即技术、经济、人口等）和文化因素（即价值、信念、理念等），而人力资源部门作为组织单位，其职能就是跟踪上述因素的变化，公司层次的战略形成不可能没有人力资源的投入。进一步说，组织战略也是建立在组织内部分析和外部观察所获得的信息基础之上的，人力资源对组织战略的形成有其额外的贡献。换言之，虽然人力资源部门不会对组织战略形成起到直接的影响作用，但是其他的职能部门也有能力影响公司层次战略形成的信息。

从20世纪90年代开始，越来越多的学者认同组织战略和人力资源战略之间并不是一个单向的关系，而是一个双向影响的关系。卡佩利和辛格提出，人力资源战略不但与组织战略结盟，在很多情况下甚至还可能不同程度地主导组织战略。他们的逻辑是，有技能的员工创造了工业化的组织，竞争优势来源于企业本身，人力资源战略正是战略制订过程中的驱动力量。伦迪和考林提出，人力资源战略在组织战略形成过程中发挥了更加积极的影响。他们认为，在组织战略的形成中，人力资源部门与其他部门一样，不仅被赋予智力角色，同时也被赋予审查角色。他们建议组织应向包括人力资源在内的职能领域提供关于公司或部门所面临的机遇及危机情况，综合考虑组织的战略选择，在所有职能部门都对战略选择有所评判的基础上形成组织的整体战略。结合内部能力（结构、系统、流程）和外部条件（劳动力、经济、立法），人力资源部门审查并评估每一项战略选择。赵曙明认为战略人力资源管理有三种较为普遍的研究方法：第一种方法是把战略人力资源管理对组织绩效的贡献联系起来加以考虑，关注人力资源管理对组织绩效的影响；第二种方法是在组织的竞争环境中考虑人力资源战略选择以及这些战略选择对组织人力资源管理子系统的影响；第三种方法是确定组织战略和人力资源管理实践和政策之间的适应程度，从而考虑这些适应性对组织绩效的影响。何辉教授在对组织战略和人力资源战略关联性分析的文献综述中指出，组织战略与人力资源战略是双向关系，人力资源战略是战略制订需要考虑的首要因素。

（二）战略形成的循序渐进法

虽然很多实践者坚持组织的最高管理层有能力决定组织战略的形成和实施，但是不少学者对此观点持怀疑态度。他们中的一部分人认为，虽然战略的内容和过程更容易受到组织实施者的影响，但是这一影响是持续相互作用的，而不是立刻显现出来的。一部分实践者认为，组织实施者的影响实际上很小，不仅是因为他们只是部分地参与组织战略的形成，也是因为很大程度上这是由环境决定的。

1. 战略形成的相互作用法

在早期对人力资源战略形成的描述性研究中，戴尔的结论是组织战略和人力资源战略相互作用，组织在整合两种战略的过程中要求从人力资源角度对计划的灵活性、可行性及成本进行评估，并要求人力资源系统开发自己的战略以应对那些由于采取计划而面临的人力资源方面的新挑战。

伦尼克豪在人力资源战略形成的"相互依赖"模式的描述中认为，组织战略与人力资源战略的形成具有双向作用。该模式建立在战略形成理性化的基础上，并提出三个假定：其一是假定组织战略已经制订好；其二是假定人力资源战略是受组织战略实施导向的，因此人力资源战略对组织战略的形成及完成并无贡献；其三，人力资源战略的实施可能会随组织战略变化而调整，不过是平稳的调整。其研究证实了人力资源战略不仅受到组织战略的影响，同时也受到组织是否对未来的挑战和困难做好了准备的影响。当然这些影响也并非单向的，人力资源战略对企业形成全面战略及战略执行有着自己的贡献。他们提出，人力资源战略的产生就是为了适应组织的成长期望和组织对期望的准备。基于不同的成长预期和组织准备有四种不同的战略方案，例如，有较高组织期望但准备不够充分的，将表现为三种操作：一是投资在人力资源上以提高执行能力；二是根据所缺乏的准备条件调整组织目标；三是利用现有的人力资源配置优势改变战略目标。上述三种情况下的人力资源战略和组织战略相互提供信息并相互影响。因此，处于战略形成过程中的组织如果能系统全面地考虑人力资源和组织战略，其组织绩效将会远远好于那些将两种战略看成是竞争性战略或者仅仅把人力资源战略当成解决组织竞争优势的一种途径的组织。人力资源战略的核心作用是通过建立企业异质性的人力资源以获取竞争优势来推动企业战略的实现，人力资源战略通过创造和发展核心资源这一直接路径以及建立和维护核心资源发挥高效运作的组织文化间接路径对企业战略产生影响。研究证实，越来越多的企业将人力资源整合到组织战略的形成过程中来。对两种战略进行整合的大中型企业的比例已从20%上升到45%。

学者泰勒、比奇勒和内皮尔运用资源依赖理论来解释战略形成过程中交叉作用的性质。他们认为，相互作用的程度取决于：①系统—部门战略设计的组织导向（高度集中、分权或学习型）；②被公司最高管理层视为成功执行组织战略的关键性内部系统资源交易的性质；③系统领导者的能力。学者卡佩利和辛格提出，人力资源战略与组织战略必然结盟，甚至人力资源战略还可能在某种程度上主导组织战略。他们认为，正是有技能的员工创造了后工业化的组织，这意味着竞争优势来自企业本身，即具体的、难以模仿的有价值的资源。人力资源管理的战略意义就是人力资源管理人员通过对公司员工有价值的、不可转移的技能开发，体现出人力资源对组织持久绩效的可能影响。

人力资源战略对组织战略的作用主要体现在：其一，系统—部门战略的分权化导向；其二，公司最高管理层将人力资源系统视为获得竞争优势的主要基础；其三，人力资源系统的管理者被视为非常有能力的人。上述的资源依赖理论是建立在交换、协商以及政治利益基础之上的。因此对人力资源战略形成过程的性质和结果的预测仅在某种程度上是可行的，即对那些有着共同利益的权力和独立关系有着全面的了解。

2. 战略形成的决定法

上面的理论提到人力资源战略直接或间接地（通过组织战略）受环境因素影响，而环境因素是由人力资源系统的决策者来识别、诠释、分析并执行的。有些研究人员认为管理人员的作用在人力资源战略形成过程中应受到更多的限制。例如，在调查合法性及获得监督部门（政府部门、行业协会）的许可时，组织可能不考虑整体的组织战略而采用一般性的人力资源战略。因此，从法律的观点来说，如果人力资源战略的组成要素有利于确保组织的稳定和生存，尽管与组织的战略利益密不可分，人力资源战略要素仍然有可能被放弃。

近年来，对国际人力资源战略的研究支持这样的观点，预测监督者的行为对人力资源战略的形成也起到重要的作用。学者赫塞里德、杰克逊和舒勒发现，美国企业更倾向于技术性人力资源管理，而不是战略性人力资源管理，其原因在于主要的外部监督者（如政府部门的平等就业委员会）的要求和规定改变了管理行为并为专业性的人力资源培训与评估创造了条件。因此，他们认为应按照法规要求组建人力资源系统，塑造人力资源经理的专业技能等。外部的法律压力显然对把战略方法运用到人力资源系统中起到了限制作用。赵智文教授在对跨国企业海外子公司人力资源管理战略选择模型的研究中指出，当环境不确定性、文化差异越高时，跨国企业子公司越倾向采取"当地回应"的国际人力资源管理战略，以取得更好的经营绩效。

人口生态学家也认为管理并没有在战略形成中起到很大的作用。组织绩效和生存在很大程度上决定于组织存在的环境的性质。环境特征，如人口密度和环境稳定与否，能更好地解释组织的选择。尽管大多数学者批评人口生态学派过于看低战略方向对于组织的价值，他们仍坚持认为，结构的相关性（即员工协同作用、向组织提供关键性结构惯性资源）在很大程度上对企业的生存至关重要，企业人力资源战略的制订同样也是组织战略和组织生存的重要决定因素。不是人力资源系统去适应产品生命周期或企业战略，组织应在生命周期的早期就设计人力资源技巧去加强结构惯性，并通过这种方式增加组织的生存机会。这说明，组织从早期就开始重视建立强势的、关联的员工队伍可以增加组织的生存机会。人力资源战略的任何变化都有可能削弱企业关联性，从而影响企业生存。

3. 参考点理论

学者班伯格和菲根鲍姆试图将建立在理性规划法基础上的人力资源战略形成的决定模式和循序渐进模式结合起来，他们使用战略性参考点来描绘人力资源战略的形成过程。人力资源的战略性考察点是目标或基准点，组织决策者用来评价选择战略决策。人力资源战略参考点理论（HRSRP）可以用三维矩阵来描述：内部能力、外部条件和时间。从这一点来看，HRSRP 吸取了理性规划法关于经理人对战略的形成具有高度的控制这一观点。班伯格和菲根鲍姆从两个方面发展理性规划法：第一，他们提出了以高度决定性的资源和权力为基础的理论来解释 HRSRP 构架体系；第二，他们提出了管理诠释和感知过程会对 HRSRP 解释人力资源战略起到调节作用。

很多作者认为利用组织理论、资源基础学说和权力基础学说有助于理解 HRSRP 的系统架构。上述学说中有人口生态学说、法律及资源决定学说。虽然学说之间存在差异，但所有这些理论在关于组织构成这一点上有共同的观点，其原因在于它们都是建立在权力基础学说和资源基础学说之上。班伯格和菲根鲍姆认为，类似的权力基础学说和资源基础学说推动系统层面的许多现象，如 HRSRP 构架中的参考点。如果企业中人力资源职能缺乏影响，就不可能有能力去构想富有远见的人力资源计划。对所有参考点进行评估和选择时，职能影响较弱的经理们会大量运用历史导向的参考点。这些经理认为有必要在平稳和渐变的基础上审视战略选择，这样才能保证他们在组织中的存在和发展没有风险。相反，那些具有较强影响力的经理更多地采用未来导向的战略参考点。对他们来说，更重要的是能突出以自己为中心、反映自己利益和更复杂组织变换基础上的战略选择的审视。

类似地，班伯格和菲根鲍姆提出，在人力资源系统更有影响力的组织中：①HRSRP 矩阵的内部要素受到成果导向目标（如结果）而不是过程导向目标（如方式）的制约；②HRSRP 构架的外部取向更加明显。关于第二点，虽然法律要求所有的人力资源系统在确定系统目标时要考虑公共利益，但是在多大程度上考虑外部的战略参考点是组织内人力资源部门的权力。例如，薄弱的人力资源系统依赖其他系统资源，在形成人力资源政策和措施时将不得不特别注意外部监督者的利益和所关心的问题，但是人力资源系统肯定缺少授权和资源来考虑更大范围的外部参考点。

总之，经理们在 HRSRP 构架的形成中具有一定的控制力，班伯格和菲根鲍姆提出管理控制经常是受到限制的，综合考虑了组织决定论观点，非常强调组织的微观政治环境是理性规划过程的限制条件。

虽然人力资源战略参考点构架影响了所采取的人力资源战略和措施，但与企业现状相关的战略参考点会调节这一影响。也就是说，人力资源战略参考点构架会影响战略选择的性质，影响方式依战略决策者认为系统在战略参考点之上或之下的程度而定。如果人力资源系统在参考点之上，更有可能把新问题/新状况视为危机从而作出反应，将因采取保守性和防护性政策措施（对劳资关系采取传统的对抗性方式）而导致的潜在损失最小化。相反，如果人力资源系统在参考点之下，最好把新问题和新情况当成一种机遇，采取更大胆的措施利用这一机遇。

因此，人力资源系统相对于主要参考点的位置关系左右了人力资源决策者的意愿，并对他们的思维方式进行挑战，推动他们采用更大胆的人力资源战略。但这并不意味着人力资源系统在主要参考点之上的企业无须在已有的基础上改进，因为环境中始终存在不确定性，甚至人力资源决策者最好在现有基础上采取渐进的方式，而不是采取与过去截然不同的方式。如果人力资源系统不得不面对新环境和新问题，人力资源决策者最好采取保守一点的态度，遵循经过证实的方式。

二、人力资源战略的构成

许多人力资源管理领域的学者特别重视规划好的人力资源的配置方式和能使企业达成目标的行为，有两种适应类型：垂直方向和水平方向。垂直方向的适应包括人力资源管理措施和组织战略管理的过程，它能引导人力资源发挥积极性；水平方向的适应是指众多人力资源管理战略之间的一致性，它能有效地配置人力资源。

除了讨论适应性外，越来越多的研究关注到人力资源战略中的柔性。组织面临的复杂而变幻的环境要求灵活地采取措施。动态权变观指出，当环境变化且日趋不确定时，柔性能够稳定企业绩效并能提高企业的生存率。从这一点来说，人力资源战略从根本上说是开发组织能力以谋求与环境的一致。

上述两个观点之间实际上并不矛盾，仅仅是一些定义性的差别。本小节以提出一种理论基础来理解人力资源战略管理的双重角色，既适合人力资源系统以满足企业发展战略的需要，又要建立人力资源系统以确保灵活地应对各种战略需求。

（一）适应性和柔性的定义

很多理论从个人、群体和组织层次上提出适应性这一概念，将适应性定义为某个组织单位的需求、目标、任务、结构与其他组织单位的需求、目标、任务、结构的结合程度。大多数论述中的适应性有一个前提，即如果获得适应性，组织会有效得多。

（二）适应性与柔性的关系

在适应性和柔性之间有两种关系：第一种是垂直观点，即适应性和柔性是连续体的两个端点，它们不可能同时存在；第二种是互补观点，认为两者之间是相互依赖的。两种观点之间的差别主要在于时间参数和研究目的。在时间参数方面，垂直观点支持者关心与组织相关的每一个时点上发生的事,因此不可能发生同时存在适应性和柔性两种方式的情形;互补观点支持者认为,两个概念对于组织绩效来说是必要的,战略管理的挑战就是处理变化,持续地适应企业发展和外部环境,这本身就是适应性和柔性的统一。在研究目的方面,垂直观点更多的是描述性的,强调企业实际上是如何做的;而互补观点更多的是提供方法,强调企业应该如何做。

适应性与柔性互补的另一个原因是侧重组织的不同方面。我们也可以把适应性看作在某一时点的存在状态,同时由于适应性体现在内部(人力资源方面)和外部(战略方面)两个变量的交叉处,因此适应性处理了不少动态的互补关系,就好比是"快照",在时点1时适应不保证在时点2时仍然适应。

然而,柔性对组织来说不是一个临时状态,而是一种特征。大多数柔性的定义中提到在动态环境中解决需求的能力。相比适应性处于内部和外部的交叉处,柔性更多的是在内部,通过组织特征使之成为可能,包括广泛的、特殊的技能,人力资源的竞争力,有机的管理系统等确保企业适应环境变化的组织特征。实际上,柔性强调多样化和可塑性,我们将柔性定义为组织响应环境变化的快速调整资源采取行动的能力。较之垂直观点,这一定义同时涵盖了适应性和柔性。

(三) 适应性、柔性与人力资源战略管理

人力资源战略管理的根本作用在于推动组织去适应竞争性环境。在稳定可以预测的环境中,组织通过官僚体制可以有效地达成目标,人力资源的技能开发只在很小的范围里,人力资源系统也只产生小范围的员工行为。在动态且不可预测的环境里,组织需要采取有机的人力资源系统,推动人力资源开发广泛的技能,能在相当广泛的范围内从事工作。在可以稳定预测的环境情况下,一旦获得适应性,柔性就变得相对次要,因为环境在很长一段时间内不会改变。在目前的大环境中,我们面临的是不断变化的、竞争性的环境,组织只有成为柔性的组织才能获得适应性。人力资源战略管理就是推动组织朝柔性化方向发展从而达到动态适应的一系列政策和措施。毫无疑问,人力资源战略管理将同时促进组织的适应性和柔性。

在企业中存在不同的人力资源管理措施,有的支持组织适应性,有的推动组织柔性,有的兼而有之。例如,追求客户服务档次提高的企业就可以开发甄选程序,用角色扮演或面谈来充分观察和评价候选人在提供客户服务方面的个人能力。培训计划也可以提高员工的客户服务技能,此外,企业还可以建立评估和激励系统,对客户服务行为进行评价和奖励。

很多人力资源管理措施重在开发员工技能和行为规范，这同样也可以提高组织柔性。甄选程序的创新有助于企业识别那些具有学习能力并能很快适应新环境的候选人，这无疑也会形成组织的竞争优势。培训计划提高了员工的技能和行为规范，同时也对员工的效率和在组织中的适应程度有所影响。工作轮换、临时性委派都会使员工获得更多的经验，拓展个人技能。类似地，评价及报酬系统可激励有能力的员工参与到决策过程中来，并对突发性的环境因素采取有效的行动。近来有研究表明，人力资源管理措施结合参与性工作系统给员工创造了新的机会，员工的贡献将直接导致组织目标的达成。

（四）企业的人力资源战略

人力资源战略是组织战略将人与组织连接起来的一个很有说服力的例证，要求其重视管理，在所需资源之间建立承诺。许多在行业中领先的公司很重视制订有效的人力资源战略，人力资源经理最关心的就是必要的战略分析、战略制订以及战略实施。下面列出当前行业"领头羊"公司在制订人力资源战略过程中提出的人与组织的问题。

1. 吸引、留住、开发重要人才

（1）招聘、甄选具有特殊才能的人才。

（2）开发和培养将来人才所需的能力。

（3）通过组织承诺和员工承诺建立忠诚。

（4）对关键人才提供必要的价值计划。

2. 建立高绩效工作系统

（1）为创造高绩效文化作出承诺。

（2）建立责任制。

（3）与客户建立紧密关系，提高客户满意度。

（4）与每位员工沟通，使他们了解公司的定位。

（5）跨单位、跨地区推动团队合作。

（6）帮助个人提高专长和技能。

（7）加快创新和创造的速度。

（8）将报酬体系与优先权结合（激励、利益共享、股权、以团队工作为基础的付酬）。

（9）确立组织长期成长的价值和理念。

3. 组织之间的战略联盟

（1）员工参与组织计划制订。

(2) 创建组织思想体系，提出员工如何对组织作出贡献和通过相互理解建立承诺。

(3) 跨业务行为（跨职能部门的团队、任命、沟通）。

(4) 与部门经理、团队负责人、领导之间有效的互动式个人沟通。

(5) 从质量管理到平衡、整合变化，如成长性、市场份额、新市场、客户保留。

4. 组织学习与知识管理

(1) 举行信息共享和学习的讨论会，在所有的会议和交流中培养学习习惯。

(2) 建立知识体系（数据库、处理和输入的技术）。

(3) 跨部门的信息共享技术（内部网络）。

(4) 提供除课堂教育之外的学习资源（业务相关学习、远程学习）。

(5) 建立学习联盟（高校、咨询机构、专家）。

5. 全球竞争

(1) 了解全球经济、市场机会和竞争前景。

(2) 建立柔性全球组织，伙伴关系，不直接控制（联盟、合作企业）。

(3) 组织单元小型化，与市场和全球性组织建立联盟。

(4) 对世界市场相关的文化和经营管理差别有全面认识。

(5) 全球范围内的战略实施能力。

(6) 通过教育、任命、继任和个人负责树立全球领导能力。

(7) 组织内的知识的杠杆作用（加速新业务和新市场的开发）。

第三节　人力资源战略的制订

一、人力资源战略制订的原则

人力资源战略在企业发展过程中起着举足轻重的作用，在制订人力资源战略时，要遵循以下几个原则。

（一）整体性

人力资源战略和人力资源管理的各模块是不可分割的整体。制订人力资源战略时，应该把招聘与配置、员工开发、绩效管理、薪酬福利、员工关系管理和员工退出等环节作为一个系统的整体来研究和细化，使各模块在战略的整合下共同发挥作用。人力资源战略引领一个企业从人力资源的角度进行战略管理，以实现企业的发展目标，同时提供了通过人力资源管理获得和保持竞争优势的发展思路。

（二）一致性

人力资源战略必须与企业战略具有一致性，这种一致性是通过建立企业与员工的双向促进机制来实现的。人力资源战略应该促使企业发展与员工发展相统一，使两者共同成长。企业战略是制订人力资源战略的前提和基础，人力资源战略应该服从和服务于企业战略，支持企业战略目标的实现。

（三）长期性

人力资源战略关注的重点是企业人力资源的长期发展，是对企业经营战略的长期影响，而不是短期的眼前所面对的问题。因此，企业人力资源战略通常以 5 年或 5 年以上为宜。企业人力资源战略只有规定了未来一段时期内企业人力资源管理的发展方向、目标和实现途径与对策以后，才能对企业人力资源的总体发展起到指导作用，并发挥对企业人力资源发展活动的促进和约束作用。

（四）适应性

人力资源战略必然要受到企业外界环境和内部条件的影响和约束。因此，人力资源战略必须因地制宜，要既能够适应外部环境的变化，又能满足企业内部的各项约束条件。此外，人力资源战略要符合企业内外各方面的利益，才能得到员工的认同。

（五）可行性

可行性是指企业一旦选择了某个发展战略，就必须考虑企业能否成功地实施该战略，企业是否具有足够的财力、物力等资源支持该发展战略的实施。如果在可行性上存在疑问，就需要扩大企业人力资源战略的研究范围，考虑采用何种方式来获取战略实施所需要的资源，或考虑选择其他的发展战略。在许多情况下，如果企业在开始实施发展战略时并不知道应该采取哪些行动，这就说明企业所选择的战略可能是不可行的。

（六）动态性

人力资源战略管理是一个与企业战略动态匹配的过程。在现实的管理过程中，企业战略是动态发展的，它会随着企业内外环境的变化、企业目标的改变而不断发生变化。企业战略对人力资源管理中的人员招聘、绩效考核、薪酬管理等方面有着重要的影响作用。因此，人力资源战略应与企业的发展战略相配合，针对不同的企业战略，采取不同的人力资源战略。

二、人力资源战略制订的过程

（一）企业的内外部环境的分析

环境分析是制订人力资源战略的第一步。进行环境分析不仅要关注企业人力资源管理的现状，更为重要的是要考察并获取可能对企业未来绩效发生影响的内外部变化信息。

企业应该定期或者不定期跟踪扫描内外部环境变化，识别可能影响人力资源和企业发展的潜在问题。审视分析企业的内外部环境需要识别一些企业未来可能发生的情况（例如，企业以当前的增长速度持续成长，或者企业利润跌破行业平均水平致使企业发生负成长等），分析企业战略和竞争战略的导向，从而为制订人力资源战略奠定基础。

（二）关键问题的识别

根据前面所做的环境分析，确定目前企业应该解决哪些具有战略高度的人力资源管理问题。例如，由于企业发展中出现的全球化、顾客导向、文化变革、公司并购、多元化经营、分销渠道创新等问题，相应的人力资源问题可能包括人才吸引与保留、人力资源结构优化、人才队伍建设、员工福利待遇满意度提升等。

识别关键问题是为了明确人力资源战略的重点，是构建人力资源战略目标的基础。关键问题来自企业经营管理过程，解决关键问题能够从根本上保证人力资源战略对企业战略的支持度。

（三）人力资源战略模式的选择

目前，已经有一些成熟的人力资源战略分类得到了广泛认可。例如，根据人力资源战略重点，将人力资源战略划分为吸引战略、投资战略和参与战略；而从获取人力资源的角度，又可将人力资源战略分为完全外部获取战略、混合获取战略和完全内部获取战略。通过 SWOT 分析，将人力资源管理工作面临的内外部环境因素分为优势、劣势、机会、威胁四大类。企业可以从发挥优势、避免劣势、创造机会、减少威胁的角度出发，选择一种或者多种成熟的人力资源战略，作为制订本企业人力资源战略的基础。

(四) 备选方案的拟订

在选择了人力资源战略类型的基础上，根据企业具体情况，提出有企业特色的战略措施，拟订备选的人力资源战略方案。人力资源战略方案编制的核心内容包括指导思想、战略目标和战略措施。

(五) 最终战略方案的选择

在多个人力资源战略备选方案中进行选择时，可以采用关键因素评价矩阵方法。采取赋分值的办法，以备选方案和关键影响因素的契合程度为依据，对方案进行评分。评分标准为：非常契合计4分、契合计3分、不契合计2分、矛盾计1分，并根据每个影响因素的重要程度，给每个因素赋予权重，权重与评分的乘积，即是该备选方案与这一因素的契合得分，总分最高的备选方案即是最可行的备选方案。表3-3[1]为人力资源战略备选方案评分表。

表3-3 人力资源战略备选方案评分表

影响因素	权重	某方案与影响因素的契合程度				得分
		非常契合	契合	不契合	矛盾	
企业战略						
企业文化						
企业组织结构						
企业发展阶段						
企业经营方式						
人力资源管理现状						
合计						

通过以上程序，一个完整的人力资源战略就形成了。应该注意的是，由于企业的实际情况受多方面因素的制约，所以一个有效的人力资源战略要综合不同方面的因素来建立，并且并非一成不变。人力资源战略的制订过程也应该根据企业情况灵活把握，绝不能生搬硬套。另外，人力资源战略主要是提出了企业总体的人力资源管理思想和目标。

---

[1] 尹乐，苏杭. 人力资源战略与规划 [M]. 杭州：浙江工商大学出版社，2017：73.

三、人力资源战略制订的内容

（一）人力资源战略指导思想

人力资源战略指导思想是指导战略制订和执行的基本思想。确定人力资源战略指导思想应该注意以下问题：

第一，以企业发展目标为导向。人力资源战略的轴心应该是企业的发展目标，各项人力资源战略目标和规划措施都应该围绕企业发展目标加以开展。

第二，实现人力资源管理系统的整体优化。人力资源管理系统是一个由各个方面有机结合而成的复杂系统，要对诸功能模块要素进行优化组合与合理配置，实现系统整体优化，协调和平衡局部与局部之间、局部与整体之间的相互适应关系，力求提高人力资源管理效率和效益。

第三，放眼长远，统筹未来。制订和实施企业战略都必须具有长远观点，切忌急功近利。

第四，以人为本。实现以人为中心的管理，真正体现尊重人、理解人和关心人，充分依靠和调动员工的积极性，尊重员工的首创精神。

（二）人力资源战略目标

1. 人力资源战略目标的内涵

人力资源战略目标是指企业通过实施人力资源战略，在人力资源的吸引、开发、使用等方面要达到的绩效。人力资源战略既要考虑组织目标的实现，又要考虑员工个人的发展，强调在实现组织目标的同时实现个人的全面发展。人力资源战略目标包括环境目标、配置目标、职能目标等。人力资源战略是一种特殊的职能战略，是公司战略的实施保障，甚至有时候是公司战略的重要组成部分。因此，人力资源战略的目标应尽可能具体、现实。

人力资源战略目标包括人力资源部门的战略目标和非人力资源部门的战略目标。显然，两者有所不同，属于专业的人力资源部门的战略目标不一定是全体管理人员的人力资源战略目标与任务，而属于全体管理人员承担的人力资源战略目标，一般都需要专业人力资源部门的支持。人力资源战略目标主要包括以下三个方面：首先，保证组织对人力资源的需求得到最大限度的满足；其次，最大限度地开发与管理组织内外的人力资源，促进组织的持续发展；最后，维护与激励组织内部人力资源，使其潜能得到最大限度的发挥，以及人力资本得到应有的提升与扩充。

2. 人力资源战略目标的作用

将人力资源各项发展目标写进人力资源战略中，就形成了各项人力资源战略目标。人力资源战略目标既是人力资源战略构成的基本内容，也是人力资源管理工作需要遵循的工作指南，还是通过一定时期的努力后所要达到的结果和期望。

人力资源战略目标的作用主要表现在四个方面，即在战略体系中的作用、在战略制订过程中的作用、在战略实施过程中的作用和在战略控制过程中的作用。

（1）在战略体系中的作用。在人力资源战略的构成中，人力资源战略目标是不可或缺的根本因素，处于核心地位，其他因素都要服务和服从于这个目标。

（2）在战略制订过程中的作用。人力资源战略目标是战略选择和对策组合的基本依据和出发点，科学的战略目标既能体现人力资源主体系统的发展方向和企业的具体期望，又能体现出战略制订的基本思路。

（3）在战略实施过程中的作用。人力资源战略目标是人力资源战略实施的指导原则，它能从战略的层面引领人力资源主体系统的发展和运行，有效配置人力资源，固化人力资源战略的具体模式。

（4）在战略控制过程中的作用。评价和检验人力资源战略好坏和实施效果的标准就是人力资源战略目标，人力资源战略目标是否得以实现是衡量战略成功与否的标尺，企业往往根据人力资源战略目标确定的发展轨迹来决定是继续执行原有战略还是对原有战略进行必要的修正。

3. 人力资源战略目标的特征

科学的人力资源战略目标应该具有六个方面的特征，即明确性、现实性、激励性、可接受性、可操作性和可检验性。

（1）明确性。人力资源战略目标的表述必须准确无误，言简意赅，易于被人理解，不致产生歧义。

（2）现实性。人力资源战略目标不是凭空想象的，必须从实际出发，实事求是。因此，在制订目标时，必须以人力资源现状分析和人力资源发展预测的结果为客观依据。

（3）激励性。人力资源战略目标要能够起到激励作用。目标的制订要适当，过高难以实现，过低又缺乏挑战性，要在人们努力程度可以达到的范围之内。同时，目标的表述要铿锵有力，朗朗上口，要能激发员工的活力。

（4）可接受性。人力资源战略目标的实现，是全体人员共同奋斗的结果，因此要得到全体人员的认可和接受。而要做到这一点，就要兼顾各方利益，也就是说，人力资源战略的目标与相关各方的利益之间不能存在冲突。因此，在制订人力资源战略目标时，要充分征求有关各方的意见，权衡利弊，谨慎行事。

(5) 可操作性。人力资源战略目标的制订是为了实施。既然如此，目标本身就要便于按层次、系统和时间阶段分解，要能够转化为具体的可操作的目标和计划，最终明确到若干个具体任务，具体分配给相关的部门或个人，以利于工作的完成和战略目标的实现。

(6) 可检验性。人力资源战略目标应该是可以检验的，否则，我们就无从知晓战略目标完成与否。人力资源战略目标要具有可检验性就是要使目标定量化。越是近期的和具体的目标，越应该量化。但是，对于长期的目标，全部的量化的确具有一定的难度，这时需要用明确的详细的定性术语来表达，并辅之以量化的范围或进度以便于检验。

4. 人力资源战略目标的层次

人力资源战略目标应该包括三个层次：

(1) 直接目标：吸引员工、留住员工、激励员工和培训员工。

(2) 具体目标：提高员工生产率、提升工作质量、遵从法律的要求、获取竞争优势、增强员工的灵活性。

(3) 最终目标：维持组织的生存、促进组织的发展和利润增长、提高组织的竞争力和适应内外部环境的灵活性。

5. 人力资源战略目标的实现期限

设立战略目标的同时，应定有每个项目预定完成的期限，以便进行检查、自我控制、评价和调整。战略目标分为长期战略目标与短期战术目标。前者的实现期限通常会超出一个现行的会计年度，通常为 5 年以上；后者是执行目标，是为实现长期战略目标而设计的，它的实现期限通常在一个会计年度内。若干个战术目标共同支撑和构成战略目标。

(三) 人力资源战略措施

人力资源战略措施表达的是如何传达和实施人力资源战略，将涉及如何通过招聘、培训、绩效评估和薪酬设计等手段去实施人力资源战略。

1. 人力资源获取与配置的战略措施

人力资源的获取与配置作为整个人力资源战略管理的重要组成部分，有其独立的运行过程，并与企业战略目标和人力资源战略管理其他子系统互为支持、相辅相成。根据这一过程中战略措施是保守还是进取，可以将获取与配置过程中的战略措施分为如下两类：

（1）保守型战略措施。①以内部获取为主。内部获取是指在企业内部获得企业所需要的各种人才。内部获取通常是通过竞聘上岗的方式来完成的。竞聘上岗需要解决两个问题：一是适宜担任某一职务的人有哪些；二是谁最适合担任这一职务。②以人岗匹配度为决策依据。采用适人适岗的决策是保守型战略措施之一。保守的企业通常不用过于拔尖和过于创新的人才，适人适岗不仅能节省用人的成本，同时也能减少用人的风险。③对直接主管充分授权。录用决策不采用集中的形式，而是采用用人部门和单位的主管直接决策的方式。这样既可以避免一线主管对用人的抱怨，又便于上级领导对业绩考核毫不放松的坚持。④部分员工采用灵活的录用方式。企业经常面临生产的旺季和淡季，在这种情况下，采用劳务派遣、非全日制用工、大学生实习等录用方式，有利于降低成本和风险，使企业在淡季和转变业务时裁减某些冗余员工而不会引起不必要的震荡。

（2）进取型战略措施。①以外部招聘为主。通常企业中出现以下一些情况时，需要从外部获取人才：需储备或使用稀缺人力资源、引入了新的生产线和生产工艺、急需一些专业人才、急需中层以上尤其是高级管理人员、战略转变产生空缺岗位等。②录用权集中在企业人力资源部。录用授权采用高度集中的方式，由企业人力资源部和人力资源高级主管决策，会导致用人部门不能在选人过程中充分表达意见，没有最终的录用权限。③采用正式录用的方式任用新员工。进取型战略选择属于"大手笔"的录用方式，要么不用，要么就签订正式的劳动合同，很少采用劳务派遣、非全日制用工等形式，企业用人成本高，面临风险比较大。

2. 人力资源绩效管理的战略措施

人力资源管理支撑企业战略目标的实现，从根本上讲，在于通过绩效目标分解来实现对战略的传递，同时借助战略性的绩效考核来促进个体、团队和整个企业绩效的持续改进，提升企业的核心能力和竞争优势。

建立战略导向的企业关键绩效指标（KPI）体系是绩效管理战略措施中的关键，它不仅能成为企业员工行为的约束机制，还能发挥战略导向的牵引作用。通过将员工的个人行为、目标与企业的战略相契合，能有效地阐释与传播企业的战略，它是企业战略的实施工具，是对传统绩效考核方法的创新，这一体系尤为强调战略在绩效考核过程中的核心作用。

以 KPI 指标为核心的战略性绩效管理系统，主要包括绩效计划、绩效辅导、绩效考核、绩效反馈与结果运用四个环节，它们构成一个完整的循环，从而实现对企业战略目标的支撑。

3. 人力资源薪酬管理的战略措施

企业在提出薪酬管理战略措施时，要对企业所处阶段和环境展开分析，保证战略措施适合本企业,提出的措施要具有可操作性,使它们能有效运行。例如,要建立基于绩效的薪酬机制,就要在薪酬分配制度中采取向关键岗位的关键人才倾斜,向高科技、高技能人才倾斜,对高层管理人员逐步实现年薪制等措施。

薪酬管理战略措施也可以分为保守型和进取型两类。其特点及局限性如表3-4[①]所示。

表3-4　薪酬管理战略措施分类

类型	特点	局限性
保守型战略措施	薪酬政策长年不变。保守型的薪酬政策以其固定不变为主要特征,长年为员工提供不变的固定薪资和福利待遇 薪酬的决策权集中,通常由企业高层统一决定薪资的支付基于固定标准。薪酬往往以工作岗位的不同为依据,并且其增加也以工作年限为主要依据	难以起到激励作用甚至会产生消极作用。薪资的支付及标准与员工的工作业绩无关,所以员工的工作积极性难以被激发,消极情绪滋长对企业经营反而会起到负面的作用 员工间易产生不公平感,仅基于岗位不同来支付薪酬会打击高能力和高绩效员工的积极性,在员工间易产生矛盾
进取型战略措施	薪酬多样且可变动。提供多样薪酬支付方式,如宽带薪酬、股票期权等,使员工薪酬有较大的变动范围 薪酬决策权分散。这种薪酬政策通常将薪酬权力层层下放,一般由员工的直接主管提出薪酬水平方案 薪酬水平的确定以员工能力为依据,根据员工的工作经验、工作能力、学识与学历等区别确定员工的薪酬水平,同一岗位的员工在薪酬上也可以有一定差别 基于员工业绩的薪酬调整方式。员工的薪酬直接与员工的业绩挂钩,随着其业绩的好坏而上下浮动	薪酬成本难以控制。由于薪酬弹性强,且分配权分散,企业难以将薪酬成本控制在一定范围内

4. 人力资源开发的战略措施

人力资源素质的提高是人力资源战略和企业战略实现的关键,常见的人力资源开发战略措施有如下几项:

(1) 帮助员工制订并实施职业发展规划。以员工业绩和所具潜力为基础,系统地使用技

---

① 尹乐,苏杭. 人力资源战略与规划 [M]. 杭州:浙江工商大学出版社,2017:79.

术和管理培训、工作轮换、国际化派遣、职务提升等具体发展手段，为员工制订职业发展规划，赋予员工更多责任，使员工不断积累经验和提升能力、素质，尽可能地发挥其潜能。

（2）拓宽员工的职业发展道路。企业可以通过制订企业的岗位序列计划，设计不同的晋升路线，为员工提供不同的发展路径。传统的职业生涯路线往往是单线条的，这种单线式的职业生涯系统会使得专业人员在地位、薪酬、发展机会等诸多方面均不如管理人员，解决的办法就是为员工提供一个多重的职业生涯发展路线。通常，企业根据不同岗位的特点和职务发展层次，可以设计"多线推进"的晋升系列，包括管理系统晋升系列、技术系统晋升系列和业务系统晋升系列。每一系列都设置由低到高的职务晋升路径，并明确每一职位的职责及所需要的经验、知识和技能。员工在多重职业发展路线上可以采取"直线"升迁方式，即沿着自己选定的职能/专业直线发展，直至该系列的高端；也可以是"旁线"升迁或平级流动方式，即转换到其他系列继续发展。

（3）加强创新型人才的培养。创新型人才就是具有创造性思维的人才。根据创新型人才的特点，要对他们采取各种激励、培训的手段，如实行科技成果评定奖励制度、实行优胜劣汰的聘任制度、创立人才培养基金等，营造创新人才培养所需要的良好氛围。

5. 人力资源员工关系的战略措施

企业可以采取一些战略措施来促进员工关系健康、和谐发展，常见的措施包括以下几项：

（1）拓宽沟通渠道。管理层通过畅所欲言活动、总经理信箱、企业内部论坛、工会组织等沟通渠道，耐心倾听员工的声音，可以发现员工关心的事物，了解员工对企业的满意度和忠诚度。

（2）实施非解雇政策。在经济不景气或经济情势变迁时，有些企业以提高生产效率来降低企业风险，因而出现大量裁员现象。但研究发现，有许多企业实行的是另一种措施，即建立企业内部就业安全制度，以避免因大量辞退员工而造成的劳资争议，减轻对员工的伤害，促使企业健康发展。还有一些大公司采取了全面减薪不减员的措施，以保障员工内部的就业安全。

（3）提升工作生活质量。工作生活质量是指在工作中，员工所产生的心理、生理健康的感觉。组织一般可以通过工作的多样化、民主参与的管理方式、提供良好的工作环境等措施来提高员工的工作生活质量，从而达到组织目标与员工目标共同实现的目的。

（4）建立员工帮助计划。员工帮助计划，又称员工帮助项目或员工援助项目，就是企业帮助员工及其家属解决心理健康及工作、生活问题，如工作适应、感情问题、法律诉讼等，帮助员工排除障碍，营造工作与生活融洽的舒适环境，使员工更加认同企业。

第四节　人力资源战略的常见类型

一、战略重点视角的分类

（一）吸引战略

吸引战略与成本领先的竞争战略相联系，主要是通过丰厚的薪酬来吸引人才，从而形成一支稳定的高素质的员工队伍。常用的薪酬制度包括利润分享计划、奖励政策、绩效奖酬、附加福利等。由于薪酬较高，人工成本势必增加。为了控制人工成本，企业在实行高薪酬的吸引战略时，往往要严格控制员工数量，所吸引的也通常是技能高度专业化的员工，招聘和培训的费用相对较低，管理上则采取以单纯利益交换为基础的严密的科学管理模式。

（二）投资战略

投资战略与差异化的竞争战略相联系，主要通过聘用数量较多的员工，形成一个备用人才库，以提高企业的灵活性，并储备多种专业技能人才，这种战略注重员工的开发培训，注意培育良好的劳动关系。在这方面，管理人员担负了较重的责任，以确保员工得到所需的资源、培训和支持。采取投资战略的目的是要与员工建立长期的工作关系，故企业十分重视员工，以员工为投资对象，使员工感到有较高的工作保障。

（三）参与战略

参与战略与集中化的竞争战略相联系，它谋求员工有较大的决策参与机会和权力，使员工在工作中有自主权，管理人员更像教练一样为员工提供必要的咨询和帮助。采取这种战略的企业很注重团队建设、自我管理和授权管理。企业在对员工的培训上也较重视员工的沟通技巧、解决问题的方法、团队合作技巧等内容。

二、企业变革程度视角的分类

1994年史戴斯和顿菲根据企业变革程度，将人力资源战略分为四种类型：家长式战略、发展式战略、任务式战略和转型式战略。

（一）家长式战略

家长式人力资源战略主要运用于避免变革、寻求稳定的企业，其主要特点是：集中控制人事的管理；强调程序、先例和一致性；进行组织和方法研究；硬性的内部任免制度；人力资源管理的基础是奖惩与协议。

（二）发展式战略

当企业处于一个不断变化和发展的经营环境时，为适应环境的变化，企业将采取发展式人力资源战略，其主要特点是：注重发展个人和团队；尽量从内部进行招聘；实施大规模的发展和培训计划；运用内在激励多于外在激励；优先考虑企业的总体发展；强调企业整体文化；重视绩效管理。

（三）任务式战略

采取任务式战略的企业面对的是局部变革，战略的制订采取自上而下的指令方式。这种单位在战略推行上有较大的自主权，但要对本单位的效益负责。采取这种战略的企业依赖于有效的管理制度，其特点是：注重业绩和绩效管理；强调人力资源规划、工作再设计和工作常规检查；注重物质奖励；内部和外部招聘并重；进行正规的技能培训；有正规程序处理劳动关系问题；强调战略事业单位的组织文化。

（四）转型式战略

当企业完全不能适应经营环境而陷入危机时，全面进行变革势在必行，企业在这种紧急情况下没有时间让员工较大范围地参与决策。彻底的变革有可能触及相当部分员工的利益，因而不可能得到员工的普遍支持，企业只能采取强制高压式的全面变革，它包括企业战略、组织机构和人事任用方面的重大改变，可能会创立新的结构、领导和文化。与这种彻底变革相匹配的是转型式人力资源战略，这种战略重在调整员工队伍的结构，进行较大规模的裁员，缩减开支，从外部招聘管理骨干；对管理人员进行团队训练，建立新的企业理念；打破传统习惯，摒弃旧的组织文化；建立适应经营环境的人力资源管理体系。

三、员工管理理念视角的分类

1989年舒勒基于公司对员工的管理理念，将人力资源战略分成三种类型：累积型、效用型和协助型。

（一）累积型战略

累积型战略即用长远观点看待人力资源管理，注重人才的培训，通过甄选来获取合适的人才。基于建立员工最大化参与的技能培训，以获取员工的最大潜能，开发员工的能力、技能和知识。

（二）效用型战略

效用型战略即用短期的观点来看待人力资源管理，较少提供培训。基于对员工的承诺及高技能利用极少，录用具有岗位所需技能且立即可以使用的员工，使员工的能力、技能与知识能配合特定的工作。

（三）协助型战略

协助型战略介于累积型和效用型战略之间，个人不仅需要具备技术性的能力，同时在同事间还要有良好的人际关系。在培训方面，员工个人负有学习的责任，公司只提供协助。可见，当企业将人力资源视为一项资产时，就会采取累积型战略，加大培养力度；而当企业将人力资源视为企业的成本时，就会选择效用型战略，只提供较少的培训以节约成本。

四、人力资源管理环节视角的分类

在人力资源管理实践中，根据管理环节的不同，可将人力资源战略划分为获取战略、使用及培养战略和保留战略。

（一）获取战略

从人力资源获取的角度将人力资源战略分类如下：完全外部获取战略、完全内部获取战略和混合获取战略。以下阐述各种战略模式的特点及适用条件。

1. 完全外部获取战略

顾名思义，完全外部获取战略即企业的人力资源完全从外部市场获得。此战略的目标在于使企业的培养成本最低。采取完全外部获取战略的企业与员工之间通常是一种纯粹的利益关系，两者之间的权利和义务主要是依靠契约确立的。因此采用此类战略的企业，其员工流动率通常会比较高，企业主要依靠有竞争力的薪酬吸引劳动力进入企业，因此选择此类战略要求企业所在地的劳动力市场相对较发达。通常采用这类战略的企业对员工的投人主要表现在薪酬上，而在培训等方面的花费很低。这类人力资源战略要求企业的工作说明及各类规范制度完善、明确，企业尽量实行标准化的管理，减少企业活动对员工的依赖，并将工作说明作为招聘时对申请人员进行审核的主要依据。

完全外部获取战略适用于所在地劳动力市场较健全的企业，因为这类企业可以随时在市场上招到需要的人；同时，采用该战略企业的各类活动通常标准化程度较高，对员工的依赖性较低。

完全外部获取战略的优点在于从外部获取人员，能够吸纳大量优秀的各方面人才，使员工队伍更加优良，进而加强企业的创造力；该战略的缺点在于员工对企业的认同感不高，企业员工队伍不稳定，并且具有不同的文化背景，这样会加大员工之间的观念冲突，增加企业的协调沟通成本。

2. 完全内部获取战略

完全内部获取战略即企业人员绝大部分是由内部获取。这类战略的目标在于通过培养内部员工提高企业凝聚力，从而提高企业竞争力。采取完全内部获取战略的企业与员工的关系不仅仅是契约关系，企业会通过福利、培训等方式加强员工的归属感，因此企业在员工身上的投资大幅度增加。完全内部获取战略的工作规范不是很严格，在招聘时主要的依据也不是工作规范，而是重视申请人员的培养潜力。

完全内部获取战略适用于企业文化较强大，能够在很大程度上影响企业员工行为的企业，同时企业活动对于团队合作的程度要求较高。

完全内部获取战略的优点在于通过内部培养人才，能够加强员工对企业的认同感，会使企业的人力资源队伍相对稳定，且企业内部的沟通会相对顺畅；这类战略的缺点在于企业员工的流动率较低，因此企业的创造力会下降。

3. 混合获取战略

混合获取战略即企业的员工通过外部市场和内部市场相结合的方式获得的战略模式。混合获取战略是通过综合外部获得人力资源和内部培养两种方式的优缺点，对企业的不同类型人员运用不同的获取方式，进而达到人力资源获取的最优。

混合获取战略适用于规模较大、部门较多的企业。此战略的优点在于综合使用两种战略，对不同的人员采用不同的管理方法，使得人力资源管理更加合理和科学。此战略的缺点在于增加了人力资源部门的工作量，对企业人力资源部的要求也较高。如果企业的人力资源部门不能很好地实施各项战略，会造成企业人力资源管理的混乱，进而影响员工的工作。

(二) 使用及培养战略

从人力资源使用和培养的角度对人力资源战略进行分类,将这两类功能合并起来,从企业对这两项功能投资多少的角度看,人力资源战略分为低成本战略、高投入战略和混合战略三类。

1. 低成本战略

低成本战略即尽量降低企业使用员工的成本。此战略的主要目标在于最大限度地降低人力资源的使用成本。选择此战略的企业基本没有对员工的培训,对员工的考核主要是通过对工作结果的评价得出的,往往以企业利益最大化为指标考核员工。此类战略下,员工与企业的关系是单纯的契约关系,员工对企业的认同感不高,企业在员工身上的投资也很低。企业也不会为保留员工而增加用人成本,因此人员流动率较高。采用此类战略的企业也会尽量降低招聘的成本。

以成本优势为核心竞争力的企业会采用这种人力资源战略。这种战略的使用会带来高员工流动率,因此采用此战略的企业通常具有以下特征:①企业所在地的劳动力市场相对健全,不会因为人力资源的流失而影响到企业的正常活动。②组织结构为机械式组织,这种组织结构具有层级严格、职责固定、高度正规化、沟通渠道正式、决策集权化等特点。③产品更新速度不快,生产活动标准化程度高。

低成本战略的优点在于最大限度地降低了人力资源管理的成本;缺点在于从降低成本的角度考虑人力资源管理活动,可能会降低员工对企业的忠诚度,导致企业员工凝聚力差。

2. 高投入战略

高投入战略即在用人和育人方面投入较大的人力资源战略。此战略通过对员工队伍增加投资,进而提高企业效率。该战略的主要特点在于对员工的投入较大,企业关注员工在企业内的成长,并因此投入人力、物力,企业人员的流动率也就相对较低。此类战略对员工的考核也不再是只关注结果,而是结合过程和结果共同进行。在培训方面,企业也会付出大量物力给员工以较好的培训。员工的成长带动企业成长是该战略的目标所在。在招聘方面,企业为了招聘到优秀的员工投入也会较大。

此类战略适用于以下几类企业:①以团队精神、创造力等因素作为核心竞争力的企业。②产品更新快、创造性要求高的企业。③采用有机式组织结构的企业,因为该类组织的特点是合作、不断调整的职责、低正规化、低复杂性和分权化。

高投入战略的优点在于企业对员工的高投入,能够吸纳或培养大量的优秀员工,提高企业的整体竞争力;缺点在于企业对员工的投入高会提高企业的成本。

3. 混合战略

混合战略即混合使用上述两种战略的人力资源战略。该战略通过对不同的员工使用低成本战略或高投入战略,从而使企业的资源得到最优化使用。该战略的特点是综合了以上两种战略的特点,并根据具体情况使用在不同员工身上。

混合战略通常适用于规模较大、员工数量较多、职能划分较明确的企业。该战略针对不同的员工采用不同的战略,综合两者的优势,使人力资源管理更加科学和合理。缺点在于它需要企业具有较强的人力资源管理能力,如果企业不能良好地执行既定的战略,往往会造成人力资源管理的混乱,其效果可能反而不如使用单一的人力资源战略所达到的效果。

(三) 保留战略

从保留人才的角度,可将人力资源战略分为不留人战略、培养留人战略和诱导留人战略。

1. 不留人战略

采用不留人战略的企业不会努力采取措施来留住人才,这种战略的目标在于降低人力资源管理成本。在这种战略指导下,企业与员工的关系是契约关系或临时契约关系,企业对员工的投入主要局限于薪酬方面,培训方面的投入很少,且薪酬水平不会高于市场平均水平。

由于该战略下企业对员工投入少,因此员工流动率较高。该战略适用于劳动力相对充足地区的企业,以及机械式结构的企业,这些企业活动标准化程度高,对员工依赖度低,不用担心员工的离开会使企业陷入困境。

不留人战略的优点是企业基本不会努力采取措施留住员工,因此可以节省企业的成本;缺点在于该战略可能会使大量的优秀员工流失,从而减弱企业竞争力。

2. 培养留人战略

培养留人战略即通过为员工提供量身定做的相关培训来吸引员工,进而留住员工。该战略的目标在于通过为员工提供有针对性的培训以及良好的锻炼机会,提高员工的技能水平,提高企业的工作效率,同时留住优秀的员工。此类战略重视员工的培训活动,因此在招聘时,企业会重视员工的潜力而不仅仅是技能。为了更好地让员工得到锻炼,企业会提供岗位轮换的制度,并为员工制订适合的培训计划。此战略下,企业对员工的投入主要体现在培训上，在薪酬方面会与市场水平基本相当或略低于市场水平。

培养留人战略适用于以下条件的企业：①资金实力相对不够强，但在培训员工方面有相当的积累的企业。②处于成长期的企业，因为企业处于成长期，会给员工提供更多的锻炼机会和上升空间。③处于产品更新速度较快的行业的企业，因为产品更新速度快，要求企业员工的知识更新速度也很快，因此对员工的培训也是很重要的。

培养留人战略的优点在于成本相对较低；缺点在于见效时间较长，速度较慢。

3. 诱导留人战略

诱导留人战略即通过高薪酬来留住人才的战略。此类战略的目标在于通过高薪留住企业优秀的人才，增强企业的核心竞争力。该战略对员工的投入主要体现在高出市场水平相当部分的薪酬上，培训方面基本没有投入。此战略对招聘工作中的选拔环节要求较高，因为必须招聘到适合岗位的优秀人才。此战略的优点在于见效速度快，同时可以用高薪留住大量优秀人才，保持企业竞争力；缺点在于高薪酬会给企业带来负担。

五、与企业战略关系视角的分类

杨清和刘再烜在《人力资源战略》一书中，依据人力资源战略与企业战略的关系，将人力资源战略分为创新型战略、肯定型战略和响应型战略三个类型。

（一）创新型战略

在这种情况下，人力资源战略不仅与企业战略相一致，而且在某些方面引领企业战略，对企业的竞争战略有巨大的影响。在创新方面，人力资源战略特别强调企业文化，强调自我导向、团队意识，倡导开放与合作的企业文化。注重决策的参与性以及信息的交流是此种类型战略的特点。

（二）肯定型战略

肯定型战略强调人力资源战略与企业战略之间内外部的一致与匹配。在强调外部环境影响的同时，也更加注重企业本身的核心素质，认为人力资源战略是企业内部与外部信息交换的产物。因此，肯定型人力资源追求的是平衡、匹配。具体特点是：注重内、外部环境的有机结合；在制订战略时需要充分考虑所有相关利益者的利益。

（三）响应型战略

与前面两种人力资源战略类型不同，响应型人力资源战略表现为消极地应对环境与企业战略。似乎企业战略与人力资源战略是两条平行的轨道，人力资源战略只是被动地与企业战略相结合，而不是主动地与企业战略建立联系，采取的是一种跟随策略，被企业战略牵着鼻子走。表现出来的特点是：对外部环境不敏感；对组织的核心素质没有系统分析；没有建立起与人力资源战略相衔接的流程方式；由于概念上落后于公司战略，人力资源部门的职能被削弱、合并。

第四章 现代人力资源规划内容及影响

第一节 人力资源规划概述

一、人力资源规划的含义

20世纪初,"人力资源规划"的关注点主要是实行计件工资的工人,通过改进工作过程和运用早期工业心理学的方法达到改进工作效率的目的。第二次世界大战后,人们更关心如何获取有能力的管理人员。20世纪六七十年代,技术进步和企业的快速扩张使人力资源规划转向人才的供需平衡,如在当时的美国,30~40岁的男性以及特殊工程与科学技术人才短缺,因此,管理人才、专业技术人才的供需平衡成为规划的重点。这一时期,人力资源规划被定义为管理人员的一种工作:通过制订规划,努力让适当数量和适当种类的人,在适当的时间和适当的地点,从事使组织与个人双方获得最大的长期利益的工作。在这个过程中,过去是规划未来的基础。人力资源规划仅仅作为一项战术计划来制订和执行。80年代后,人力资源规划广泛作为大企业和政府组织的一种活动,在内涵上不再仅限于供需平衡和数量预测,而是扩展为上与战略计划相联系、下与行动方案相结合的更广泛的过程。

90年代以来,西方发达国家的企业管理者和研究人员发现,在影响组织目标实现的诸多因素中,人力资源是最为重要的。即使是特别知名的企业在招聘员工时,也并不总能随时随地招聘到自己所需的员工,有些关键岗位由于长期找不到合适的人选而空缺,谁能在激烈的人才竞争中取得胜利,谁就能在市场中占有优势。因此,战略性人力资源管理理论的研究认为,人力资源规划应当是通过人员管理获得和保持竞争优势机会的计划,是管理人员对现在出现、未来可能出现的问题所作出的反应。在以往的理论中,人力资源仅仅被当作实现战略目标的手段,而不是一个重要的组成部分,在决定战略方向时,仅从战略方案推出人力资源计划方案，没有考虑两者相互的作用和影响，从而在很大程度上限制了人力资源可能对企业竞争力作出的贡献。人力资源规划的角色应当不仅仅是在既定的企业目标下的一项战术计划，它还必须充分考虑人力资源环境的影响，并且从人力资源环境的角度影响企业目标的制订。进入21世纪以来，随着经济全球化和跨国公司的发展，不同国家之间文化的碰撞与融合使人力资源规划中的跨文化因素越来越受到关注，多元文化背景下的跨国公司人力资源规划需要考虑国际环境和文化战略等影响因素。

综合以上观点，我们认为人力资源规划的含义是：它是预测未来的组织任务和环境对组织的要求，即根据组织任务和环境对组织的要求制订人力资源管理的行动方针的过程。

从这个定义我们可以看出：①人力资源规划应当以组织目标为基础，并预见未来人力资源管理的需要。组织的外部环境处于不断变化之中，这将使组织的战略目标也处于不断变化和调整之中。人力资源规划就是要在未来环境和组织目标可能发生变化的前提下进行预测分析，对组织的需要进行识别和应答，把握环境和战略目标对组织的要求，以确保组织长期、中期和短期的人力资源需求，使组织能够更快地学习并对环境作出反应，从而增强竞争优势。②一个组织需要通过人力资源规划来确定行动方针，制订新的政策、系统和方案来指导人力资源管理的政策和实践，使人力资源管理在变化的条件下保持有效和一致。③人力资源规划是管理循环中的一个过程。规划为组织实施和评价控制提供目标和依据，同时通过反馈进行修正。

二、人力资源规划的目标

人力资源规划是一个制订人力资源管理行动方针的过程，其实质是一个确定目标和目标实现方式的决策过程。因此，制订人力资源规划必须回答以下几个基本问题：

其一，我们所处的环境怎样？通过回答这一问题，我们可以对组织所处的外部环境、内部环境有一个全面的了解。外部环境包括组织所处的政治、经济、技术、社会环境和行业环境，作为制订人力资源规划的前提，我们还必须从组织的外部环境中分离出人力资源外部环境状况及变化趋势；内部环境主要包括组织本身和员工个人方面的因素。通过考察内外环境，可以确定在目前的竞争环境中组织的人力资源管理状态。

其二，我们的目标是什么？要回答这一问题，必须明确人力资源管理的战略目标，找出现状与目标之间的差距，其中最大的、最重要的差距就是人力资源规划的具体目标。确定目标需要考虑有哪些前提条件需要改变，衡量成功与否的标准是哪些方面。

其三，我们怎样才能实现目标？为了缩小现状与目标之间的差距，需要花费组织资源从事人力资源管理活动，这也是人力资源管理工作的主要内容。人力资源规划就是要在各种行动方针中作出选择并把一系列方针整合起来，成为一个管理系统。

其四，我们做得如何？在花费资源实施规划的人力资源管理活动之后，我们需要考察组织是否已经达到了既定的目标。在通常情况下，当初设定的目标就是最终的成果评价标准。然后再回到人力资源规划的第一个问题上，制订新一轮计划。

三、人力资源规划的类型

企业人力资源规划的种类繁多，根据不同标准可划分出人力资源规划的不同种类。大致可以从规划的时间、规划所涉及的范围和规划的性质上来划分，应根据实际需要灵活选择。

（一）按规划时间划分

从规划的时间上，人力资源规划可分为三种：短期规划一般为 6 个月至 1 年；长期规划为 3 年以上；中期规划介于二者之间。企业人力资源规划的期限长短，主要取决于企业环境的确定性、稳定性，以及人力资源素质高低的要求。如果经营环境不确定、不稳定，企业对人力资源的素质要求不高，可以随时从劳动力市场补充所需劳动力，企业就可以制订短期人力资源规划；反之，企业就必须制订较长期限的人力资源规划。计划期长短与经营环境不确定性大小的影响因素之间的配合关系如表4-1[①]所示。

表 4-1　经营环境的不确定性与人力资源规划期限长短的关系

短期规划：不确定/不稳定	长期规划：确定/稳定
组织面临诸多竞争者	组织居于强有力的市场竞争地位
飞速变化的社会、政治、经济、法律环境	渐进的社会、政治等环境
不稳定的产品、服务需求	稳定的市场需求
组织规模小	变化和技术革新
管理混乱	完善的管理信息系统
	规范且有条不紊的管理

国外的实践表明，规模较小的企业不宜拟定详细的人力资源规划。因为其规模小，各种内外环境对其影响大，规划的准确性较差，规划的指导作用往往难以体现。另外，小企业规划成本较高也是其缺少适应性的原因之一，但这并不表示小型企业没有人力资源规划的必要。

---

① 赵曙明. 人力资源战略与规划（第4版）[M]. 北京：中国人民大学出版社，2012：69.

(二) 规划所涉及的范围划分

从规划所涉及的范围上，企业的人力资源规划可分为企业总体人力资源规划、部门人力资源规划、专项任务或工作的人力资源规划。企业总体人力资源规划是有关计划期内人力资源开发利用的总目标、总政策、实施步骤及总体预算的安排，它与企业的战略直接相关，是实现企业战略目标的人力资源保证；部门人力资源规划是总体人力资源规划目标的细分规划，是总体人力资源规划在各个部门的分解，是有关部门的人力资源开发利用的目标、政策、实施步骤及部门预算的安排；专项任务或工作的人力资源规划主要包括人员补充计划、人员使用计划、人才接替计划及提升计划、教育培训计划、薪资计划、劳动关系计划等，是总体规划的展开和具体化。

(三) 按规划的性质划分

从规划的性质上，可分为战略性人力资源规划和战术性人力资源规划。战略性人力资源规划具有全局性和长远性，是人力资源战略的表现形式；战术性人力资源规划指具体的、短期的，具有针对性的业务计划。

第二节　人力资源规划的过程及内容

一、人力资源规划的过程

人力资源规划的最终目的是通过人员管理获得和保持企业竞争优势的机会。随着组织所处的环境、企业战略与战术计划、组织目前的工作结构与员工的工作行为的变化，人力资源规划的目标也不断变化。因此，制订人力资源规划不仅要了解企业现状，更要认清企业的战略目标方向和内外环境的变化趋势；不仅要了解现时的表现，更要认清人力资源的潜力和问题。人力资源规划过程可以分成四个阶段。

(一) 人力资源规划的调查分析准备阶段

在收集制订人力资源规划所需要的信息时，首先，要把握影响企业战略目标的宏观环境和行业环境；其次，可以利用企业的人员档案资料来估计目前的人力资源技术、能力、潜力，并分析目前这些人力资源的利用情况；最后，针对外在的人力资源环境，如劳动力市场结构、市场供给与需求状况、人口与教育的社会状况、劳动力择业心理等有关影响因素，做专门的深入调查分析。需要特别指出的是，在这一阶段，组织内外人员流动的状况需要做特别的分析。人员流动可分为组织内流动和组织内外流动两大类，其中组织内外流动包括各种形式的离职、招聘。员工离职的不确定性较大，离职信息难以准确把握，这给人力资源供需预测带来了不确定性。

（二）人力资源规划的需求和供给的预测阶段

需求和供给的预测阶段是人力资源规划中较具技术性的部分。在所收集的人力资源信息基础上，对人力资源的需求和供给进行预测。预测可采用主观经验判断和各种统计方法及预测模型，并与所实施或假定的人力资源政策相关，它对组织的管理风格和传统往往会产生重大影响。

（三）人力资源规划的制订和实施阶段

规划的制订与实施紧密相连。通常，企业首先形成人力资源战略，根据人力资源战略制订总体规划，再制订各项具体的业务计划以及相应的人事政策，以便各部门贯彻执行。人力资源规划的制订要保持各项计划和政策的一致性，确保通过计划的实施使人力资源战略的目标得以实现。

人力资源规划的方案最终要在方案执行阶段付诸实施。方案执行阶段的关键问题在于，必须要有实现既定目标的组织保证。除分派负责执行的具体人员外，还要保证实现这些目标所需的必要权力和资源。

（四）人力资源规划的评估和反馈阶段

人力资源规划是一个持续的动态过程，它具有滚动的性质。组织将人力资源的总规划和各项业务计划付诸实施后，要对实施的结果进行评估，并及时对评估结果进行反馈，以修正人力资源规划。

对人力资源规划的反馈与评估可以采用定期报告执行进展的形式。通过定期的报告和检查，可以确保所有的方案都能够在既定的时间里执行到位，并且方案执行的初期成效与预测的情况是一致的。有些企业只重视人力资源规划的制定与实施，而忽视人力资源规划的评估工作，这可能导致人力资源规划流于形式，最终导致战略目标无法实现。对人力资源规划的实施结果进行评估可以明确规划的有效性，了解问题所在，使规划更好地得以落实。

二、人力资源规划的内容

企业的人力资源规划按照影响的范围可分为两个层次：第一，人力资源总体规划。主要是指在计划期内人力资源管理的总目标、总政策、实施步骤和总预算的安排，它是连接人力资源战略和人力资源具体行动的桥梁。第二，人力资源业务计划。人力资源业务计划包括人员补充计划、分配计划、提升计划、教育培训计划、工资计划、保险福利计划、劳动关系计划、退休计划等。这些业务计划是总体计划的展开和具体化，每一项业务计划都由目标、政策、步骤及预算等部分构成。业务计划的结果应能保证人力资源总体规划目标的实现，如表4-2[①]所示。

表4-2 人力资源规划内容一览表

计划类别	目标	政策	步骤	预算
总规划	总目标（绩效、人力资源总量、素质、员工满意度等）	基本政策（扩大、收缩、保持稳定等）	总体步骤（按年安排，如降低人力资源成本等）	总预算
人员补充计划	类型、数量，对人力资源结构及绩效的改善等	人员标准、人员来源、起点待遇	拟订标准，广告宣传，测试，录用	招聘，挑选，费用
人员使用计划	部门编制，人力资源结构优化及绩效改善，职务轮换幅度	任职条件，职位轮换，范围及时间	略	按使用规模、类别及人员状况决定的工资和福利预算
人才接替和提升计划	保持后备人才数量，提高人才结构及绩效目标	选拔标准，资格，试用期，晋升比例，未提升人员的安置等	略	职务变动引起的薪酬变化
教育培训计划	素质及绩效改善，培训类型、数量，提供新人力资源，转变态度和作风	培训时间的保证，培训效果的保证（如待遇、测试、使用）等	略	教育培训总投入，脱产损失

---

① 赵曙明. 人力资源战略与规划（第4版）[M]. 北京：中国人民大学出版社，2012：120.

续表

计划类别	目标	政策	步骤	预算
薪资激励计划	人才流失降低，士气提升，绩效改进等	激励重点；工资政策，激励政策，反馈	略	增加工资、奖金额
劳动关系计划	减少非期望离职率，干群关系改善，减少投诉率及不满	参与管理，加强沟通	略	法律诉讼费

第三节　人力资源规划的影响因素

人力资源规划在企业中的主要作用是指导企业未来人员配备，以满足业务发展的需要。在制订人力资源规划的过程中需要考虑企业发展战略并结合部门的具体目标。在结合企业战略方面，需要考虑企业经营方向和经营目标等内部环境因素，以及劳动力市场、社会环境、地域等对人力资源有影响的企业外部环境因素。一般的人力资源规划还要同时注意其战略规划的稳定性和灵活性的统一。在制订人力资源规划的过程中，有以下两大类主要因素。

一、企业内部因素

人力资源规划的企业内部环境因素主要有两个部分：第一，横向上，企业的内部环境因素对人力资源规划的影响；第二，纵向上，企业的不同发展生命周期阶段对人力资源规划的影响。

（一）人力资源规划要受到企业的内部环境因素的影响

企业目标、政策、企业文化、高层经理的管理方式、员工、非正式组织、其他组织机构和工会等都是重要的内部因素。这些因素对决定人力资源规划有重要的影响。

1. 企业目标

目标是组织持续存在的目的或原因。目标包括企业的战略目标和经营目标。每一管理层都应为明确的公司战略及经营目标工作。实际上，每个组织单位（分公司、工厂、部门）都应明白自己的战略及经营目标，以便与公司的战略及经营目标协调一致。人力资源规划必须符合企业的战略及经营目标。

2. 组织结构

组织结构是表明组织各部分排列顺序、空间位置、聚散状态、联系方式以及各要素之间相互关系的一种模式，是整个组织系统的"骨架"，其主要功能在于工作任务分工、分组和协调合作。组织结构是组织的全体成员为实现组织目标，在管理工作中进行分工协作，在职责与权力方面所形成的结构体系。常见的组织结构形式有：直线制、直线职能制、矩阵制、职能制、事业部制、网络制等。企业的组织结构需要随组织的战略调整而调整，不同的组织结构会影响人力资源的分工协作体系。例如，在采取直线制的组织结构与采取矩阵制的组织结构中，个人与个人之间、个人与部门之间以及个人与组织之间的关系必然有很大不同，这在人力资源规划中必须充分考虑到。

因此，管理者必须清楚地认识到个人或部门之间存在相互关系并运用好这些分工协作关系。人力资源部门帮助企业留住有竞争力的劳动力，采购部门负责购买原材料和部件。因为在工作中一个部门先于另一个部门，所以一个部门的产出往往是另一个部门的投入。大多数管理者很快就会发现，如果想使工作更有效率就必须与其他部门相互合作。管理者若不能很好地与其他管理者发展积极的关系，就可能会危害到几个部门的生产效率。人力资源规划要综合平衡各个部门，使部门之间能协调平衡发展，避免内部矛盾和冲突，影响企业的效益。

3. 公司政策

政策是指为决策提供方向而事先制订的指导方针。它是指导方针而不是条件苛刻的规则，政策具有一定的灵活性，在应用的时候需要进行解释和判断。公司政策对经理怎样完成自己的工作能够产生重大的影响。有关影响人力资源管理的潜在政策有：①给员工提供一个安全的工作场所；②鼓励员工尽可能多地发挥人力资源潜力；③提供补贴以鼓励在质和量上提高生产率；④确保现有的员工首先被安排在他们能够胜任的职位上。这些因素都需要在进行人力资源规划的时候详细考虑。

4. 企业文化

当作为影响人力资源规划的一个内部环境因素来考虑时，企业文化是指这个企业的社会和心理倾向。企业文化被定义为：与产生行为规范的正式结构相互影响的组织内部共享价值观、信仰和习惯的系统。经理们能够而且应该决定他们希望在哪种企业文化氛围下工作，并且努力地确保这种文化的发展。人力资源规划必须考虑到所招聘员工与企业文化的匹配和契合度。

5. 管理者管理风格

如果高层管理者与基层管理者的管理风格不同，会带来一系列的问题。人力资源规划必须考虑到管理风格因素。

6. 员工

员工在能力、态度、个人目标和品质方面有所不同，因此对一个员工有效的方法可能对另一个员工就会无效。在极端的情况下，员工是大不相同的，想把员工组成小组来进行管理事实上是不可能的。为了有效地管理，管理者必须同时考虑个人和小组的差异。例如，熟练工人的基层管理者可能较少注意工作的技术性细节而较多地注意鼓励小组间的合作；而非熟练工人的基层管理者可能把注意力主要放在任务的技术性方面。已有员工的结构、能力等也是决定人力资源规划的一个重要影响因素。

7. 非正式组织

非正式组织是一个在没有被官方指定的组织内发展人力相互作用的关系和形式的组织，这种非正式关系有很大的影响力。在进行人力资源规划的时候需要考虑到如何积极引导非正式组织，使非正式组织为公司服务，同时避免对公司的危害。

8. 工会

上层管理者特别要处理好劳资协议，必须严格履行协议的条款。在多数情况下，协议都对管理者的行为作了严格的限制。例如，管理者想临时将一名维修工调到操作工的岗位上，但如果劳动协议将每个工作岗位上能做与不能做的任务做了限定，则管理者就不能作这一临时安排。人力资源规划需要考虑到工会的因素，以使劳资关系和谐。

（二）人力资源规划要受到企业的不同发展生命周期阶段的影响

人力资源规划在企业发展的不同阶段都是不可缺少的一个环节。但在企业生命周期的不同阶段，为适应内外环境的变化，组织必须不断调整其竞争战略，相应需要制订不同的人力资源规划以确保组织战略和目标的实现。

1. 创业阶段

在创业阶段，一个组织制订了集中战略，这种战略要求人力资源规划聚焦于招聘、选拔某方面的专业技术人员，如生产、销售、高层管理人员，为组织的顺利运行和成长构建合理的人力资源队伍。

2. 成长阶段

在成长阶段，组织常常采用一体化战略、加强型战略、多元化经营战略，而这些战略意味着与之相适应的人力资源规划有不同的侧重点。就多元化经营战略而言，人力资源规划不仅要制订招聘选拔优秀员工的措施，还要注意不同类型员工的性格、兴趣、素质、结构与组织战略、职位的匹配，培养和激发员工的主动性、积极性、创造性，推动组织的成长。

3. 成熟阶段

在成熟阶段，人力资源规划要保证员工队伍的稳定，同时注重培训和开发，提高人员使用效率，力争在同行业或某一地区保持人力成本效益优势。此外，要主动承担社会责任，树立一定的知名度，改善组织的形象。

4. 衰退阶段

在衰退阶段，清算战略是组织的必然选择。在这种战略指导下，组织战略制订委员会必须果断、创新地作出看似矛盾的人力资源规划：裁员与招聘并举的规划。裁员的目的是降低人力成本，提高人均工作任务，达到人员充分使用。裁员的对象是两类人：一种是无所事事、制造内耗、浪费资源的庸人；另一种是经培训后仍不具有转岗潜力的人。招聘的目的是为组织的战略转移做好人力资源准备。通过新老员工队伍的融合，继承和发扬组织原有的创业精神，开拓新的领域，弥补组织衰退造成的损失。招聘对象就是那些能适应即将更新的组织结构，具备实现组织战略的能力和潜力以及锐意进取的优秀人员，这些新生力量的加入会帮助组织开启新的征程，奋力追赶强者，使组织的生命得以延续。

二、企业外部因素

人力资源规划的企业外部环境因素主要有三个部分：第一，劳动力市场因素对人力资源规划的影响；第二，地域因素对人力资源规划的影响；第三，国际化因素对人力资源规划的影响。

(一) 劳动力市场因素对人力资源规划的影响

具有相似的工作资格特征的员工通常被看成是属于同一个劳动力市场。一般而言，劳动力市场的结构被划分为蓝领员工市场（如装配线的工人）、职员市场（如秘书）、专业技术人员市场（如工程师和会计师）和管理人员市场。组织的工作结构、人员素质和人员构成最终取决于组织内部和外部劳动力市场的结构与相互作用。

在人力资源管理中,劳动力市场是劳动力供给方(申请工作者)与劳动力需求方(寻找劳动力的组织)相互作用,从而决定劳动力价格的地理区域或劳动力特征的类别。在地理空间意义上,员工面临的是一个范围比较小和相对比较确定的单一的劳动力市场。相对而言,企业所面对的不是一个单一的劳动力市场,而是一些范围广阔的相互分割的劳动力市场。这些市场的供求条件差别很大,从经济学的立场来看,这是各种职业之间和地区之间工资差别的主要原因。确定劳动力市场范围的主要因素有地理位置和从事工作所必需的文化程度或技术能力等,根据所需的人力资源与组织的关系,组织面临的劳动力市场可以分为外部劳动力市场和内部劳动力市场。

企业需要使用外部劳动力市场的理由主要有以下两个:第一,员工自愿辞职、退休、生病、死亡和开除等,可能引起员工自然减少,这时企业需要借助就业服务机构、大学、人才市场等企业以外的渠道来补充人力资源需求。第二,企业规模的扩大或战略目标的调整也要求企业依靠外部劳动力市场来获得额外数量以及其他类型的员工。因此,企业的人力资源规划者必须了解可以利用的外部劳动力供给来源。

在许多情况下,内部劳动力市场对人力资源规划的影响更直接。这是因为组织通常优先考虑为自己的员工提供晋升、工作调动和其他职业改善的机会。随着时间的推移,由于企业为员工实施培训与开发计划,对内部优秀员工予以晋升,也由于新员工不断积累工作经验,年纪较长的员工可能要实施退休计划等,在企业中会出现一些职位空缺,需要在企业内部对员工的工作进行调动。同时,当地劳动力市场工资率的变化和竞争对手的政策变动也可能引起本企业的员工离职,这会使企业的内部劳动力市场的供给形势发生变化。

要想利用劳动力市场来获取竞争优势,应注意以下三个关键点:第一,企业必须对现有的人力资源状况有一个清楚的认识,尤其应当清楚目前已有的员工存量的优势和劣势。第二,公司必须制订关于未来的发展规划,并且认识到目前的人力资源状况与未来所要达到的人力资源状况之间是怎样的关系。第三,当目前的人力资源状况与未来需求的人力资源状况存在差距时,企业就需要制订一系列计划来设法弥补这种差距。在劳动力过剩的情况下,这可能意味着企业需要制订一个有效的人员裁减计划;而在劳动力短缺的情况下,这可能意味着企业需要发起一场有效的人员招聘活动。通过人力资源规划,可以把劳动力市场存在的问题转化为获取竞争优势的机会。

(二)地域因素对人力资源规划的影响

地域因素对人力资源规划的影响主要考虑的是地域因素对人才引进方面的影响。虽然目前由于各地投资环境的改善和薪资的提高,人才的分布在地域方面有离散的趋势,但不可否认的是，沿海及中心城市仍具有很大的吸引力。在制订公司人力资源规划时，需要重点考虑公司所处的地理位置对企业人员扩张的影响。

对于地域占据优势的企业，在制订人力资源规划时，需要考虑本地人力资源政策环境的变化对企业人力资源的影响，这包括国家对人力资源的法律法规的制订和对人才的各种措施。如国家各种经济法规的实施、国内外经济环境的变化、国家以及地方对人力资源和人才的各种政策规定等。这些外部环境的变化必定影响企业内部的整体经营环境，从而促使企业内部的人力资源政策随之变动。

(三) 国际化因素对人力资源规划的影响

经济全球化和跨国公司的发展带来了不同国家之间文化的碰撞与融合，使人力资源规划中的跨文化因素越来越受到关注。多元文化背景下的跨国公司人力资源规划将具有一些新的特色，往往需要充分考虑以下几类跨文化因素：

其一，公司的跨文化战略。跨国公司的战略一般可以分为：①文化传播者战略；②本土化战略；③文化改造战略。采取不同战略的跨国公司应当充分根据战略进行人力资源规划。例如，本土化战略的跨国公司和文化传播战略的跨国公司在人员配置上很不相同，本土化战略的跨国公司需要大比例培植本土人力资源，文化传播战略的跨国公司当地人力资源比例会减少，尤其是中高层管理人员的当地招募比例会远远低于本土化战略的跨国公司。对文化的改造者来说，它在人员构成方面不会像文化传播战略的公司那样由跨国母公司派遣高管占绝大部分，也不会如本土化战略那样实现彻底的本土化，而更可能介于二者之间，即在母国与当地招募人员的数量上保持适当均衡。

其二，国际劳动力市场。跨国公司的人力资源规划还必须就国际劳动力市场进行分析。例如，跨国公司要有效挑选驻外经理，就必须对东道国和国际劳动力市场进行分析，以便准确了解公司所需经理人员以及其他驻外人员的供应情况，作出准确合理的人力资源规划。

其三，东道国的法律环境与文化习俗。跨国公司的人力资源规划还必须充分了解东道国和其他国家的文化习俗以及法律环境。例如，在许多发展中国家，东道国的法律政策规定，招聘当地的管理人员是跨国企业入境办企业的条件之一。特别是跨国企业将当地的企业吞并或购买下来后，常常招用原来的员工。同时，国家文化也是必须考虑的因素，跨国公司的人力资源规划必须充分考虑到东道国的文化。例如，在日本，绝大多数人都不愿意换公司，所以劳动力十分紧张，这些文化因素必须考虑在内。

其四，跨国公司的组织特征。跨国公司在组织特征上有三类显著特点：①多维视角，即需要应对全球性的变化,对挑战和机遇敏感;②相互依赖的分工协作,即跨国公司的子公司之间必须相互紧密合作与快速响应;③灵活的一体化整合过程,即跨国公司需要对不同的利益、视角以及分散的基地和资源进行整合,以保证满足统一的战略需要。以上这些跨国公司的组织特征的满足需要有科学合理的人力资源做保障,在跨国公司的人力资源规划中,必须充分考虑到跨国公司的不同组织特征。

在制订人力资源规划时,要特别考虑到动态这一因素,而不能简单地将人力资源规划理解为静止的数据收集和一劳永逸的应用。企业所处的内部环境、外部市场等往往处于不停的变化之中,成功的战略性人力资源规划会贯穿企业的整个经营过程,不断根据动态变化的环境作出相应的调整与改进,以追求自身对企业和环境的适应性。

第五章　现代人力资源的供需预测

第一节　人力资源需求预测

一、企业环境与人力资源需求预测

（一）宏观层面

1. 经济环境

经济环境影响企业未来的发展趋势和社会经济发展状况，对企业人力资源需求也有很大的影响。这里所说的经济环境既包括国家或地区的经济状况、行业的经济状况，也包括世界的经济状况。特别是在经济全球化的今天，企业越来越多地参与到世界范围的竞争中，各国经济状况都可能对一国企业的人力资源需求和配置产生直接或间接的影响，如区域性的经济危机导致世界范围的经济疲软，使得企业对人力资源的需求普遍下降。再如，经济周期的变化也会影响人力资源需求。经济高速发展时期，企业对人力资源的需求比较旺盛，而经济低迷时期，社会对人力资源的需求可能普遍不足。

目前，我国处于经济转型过程中，经济转型对人力资源需求产生了显著的影响，例如经济转型带来企业文化的变革，进而会影响人力资源以及企业绩效，那么需求预测时就要考虑目标人员与企业文化的匹配，从而缩小预测的范围，提高预测精度，发现最适合公司的人才。经济转型也给企业提出了新的目标，那就是自主创新。企业在产品、组织结构以及人才方面都得有所创新，人力资源需求预测针对这一新的要求，要对企业现有员工组织模式和人才结构进行优化，寻求有助于实现自主创新的员工。经济转型对人力资源需求影响最大的是企业的国际化发展趋势，在经济全球化和区域经济一体化背景下，企业需要通过全球性的招聘以及"买"或"借"的方式吸引高质量的人才，对人才的定位更高，人才的流动性也更大，人力资源需求预测的范围就大大延伸，预测的环境更加动态和复杂，加大了人力资源需求预测的难度。总之，在转型经济条件下，对人力资源需求预测提出了更高的要求，要在尽可能大的范围寻找企业最需要的人。虽然经济因素对人力资源需求的影响较大，但是可测性较差，只能据此作一些宏观层面的分析。

2. 社会、政治和法律环境

这包括社会习惯、法律法规、国家政策和行政体制等方面的因素。社会政治环境因素如政局的动荡会影响人力资源需求，进而影响企业的人力资源规划。法律法规的变更也会影响人力资源需求，如户籍管理政策和档案管理办法的变更、大学毕业生就业政策的变更、农民工就业政策的变更、社会保障法规的变更、环境保护法规的变更等都会引起人员流动及供求的变化，进而影响人力资源规划。例如，《中华人民共和国劳动合同法》《中华人民共和国就业促进法》《国务院关于进一步做好普通高等学校毕业生就业工作的通知》（国发［2011］16号）等的实施都会影响企业人力资源规划。2016年我国各地开始逐步推行延迟退休方案，其对企业人力资源需求的影响是明显的。这表明了政策法规对我国企业人力资源管理活动的强制作用呈加强的趋势。有关雇佣关系的各种行政法规，规范和界定了雇佣关系的性质以及人力资源管理活动的合法范围。从表面上看，雇佣关系建立在一系列人力资源管理政策和实践的基础上，但雇佣关系必须首先遵守有关的法令法规和行政命令。在欧美等劳动关系比较发达的地区，政策法规对企业人力资源管理活动的强制作用十分明显。

这些因素虽然容易测量，但是对企业的真正影响却难以确定。比如，国家的一项法规从颁布到执行有一段滞后期，在此期间很难不折不扣地执行。然而这些因素对人力资源需求的影响有时却很明显，如国家制订了扶持高科技产业的政策，会导致企业对计算机信息类人才的需求增加。

3. 劳动力市场

劳动力市场是企业获取合格人才的潜在场所，而企业员工的能力在很大程度上决定着企业能否顺利地实现自己的目标，因此劳动力市场是人力资源管理必须考虑的一个重要的外部环境因素。劳动力市场是随时变化的，这也引起企业内部劳动力质量和数量的变化。劳动力市场是影响企业人力资源需求的一个重要因素，企业只有对劳动力市场进行分析，才能够准确地进行人力资源需求预测。

4. 技术进步

技术革新与进步对人力资源需求的影响较大。市场竞争推动技术进步，技术创新和升级换代通常伴随着对技术水平低的工人的需求减少，对有技能的工人的需求增加。技术的创新和升级经常在不同行业中出现，不同技术也需要不同类型、不同专业的人力资源。如第二次工业革命大大提高了劳动生产率，使对人力资源（主要是低技能的工人）的需求锐减，而相应要求大批能熟练使用现代机器的工人出现。现在，信息技术、生物技术革命，特别是移动互联网已经对我们的社会经济生活各方面产生了巨大的影响，它们既会直接影响企业的人力资源需求，也会通过人们对企业产品或服务需求的改变对企业人力资源需求产生间接影响。

5. 外部竞争者

竞争者一直是影响企业人员需求的一个重要因素。一方面，竞争者之间可能相互争夺人才，直接影响企业的人力资源配置和需求；另一方面，竞争对手的易变性，导致社会对企业产品或劳动力的需求变化，这种对产品或劳动力的需求变化必然引起企业人力资源的需求变化。特别是在人才紧缺的地方，竞争对手的人才政策对企业的人才有很大的影响，企业更需要有针对性地进行人力资源需求预测，并开展人员招聘活动。

此外，不同的地区由于经济发展不同，人力资源需求也不一样。典型的是，中国的东部沿海地区经济发达，对高级经营管理人才和技术人才有更高的现实需求，而西部地区随着经济发展步伐的加快，对人才的需求也会越来越旺盛。地区因素在对人力资源需求产生影响的同时，对人力资源的供给也会产生影响，而且地区因素对人力资源供给的影响也许更显著。

（二）微观层面

社会对人力资源的需求（总需求）是以微观经济单位（即企事业单位等）为基础的，人力资源需求的现实形态是微观的，各个微观经济单位对人力资源的需求总和才形成一个社会对人力资源的总需求。因此，仅仅从宏观上研究影响人力资源需求因素是极为粗糙的，很可能在数量和质量方面存在极大误差。即使总体上大致准确，也会在需求结构上存在缺陷。所以说，虽然我们进行人力资源需求预测离不开宏观因素的考虑，但是对企业而言，明白影响本企业人力资源需求的微观因素也许更有意义。从微观层面看，影响企业人力资源需求的因素主要有企业战略、企业的经营状况、企业的管理水平和组织结构，以及现有人员的素质和流动情况等。

1. 企业战略

企业战略是影响人力资源需求的重要因素，企业的战略目标规划为企业规定了发展方向和目标，决定了其发展速度，决定了企业发展需要什么人来完成。由于战略的实施一般需要较长的时间，因此在制订企业战略时，既要考虑现有的人员状况，也要为未来的发展储备人才，要么进行培训开发，要么从外部招聘。战略一旦制订，就会对企业未来的人力资源需求和配置产生决定性影响。如果企业希望发展壮大，采取扩张性战略，进入新的市场或扩建部门机构或成立分公司，则将来需要的具备一定素质的员工数量就会增加。因此，战略规划和组织计划制约规定着人力资源规划，并对人力资源需求预测提出要求。

2. 企业的经营状况

组织的经营效率也是影响人力资源需求的重要因素。高效率的组织为了满足企业高速扩张的需要，可能需要的人员数量较少但是质量要求较高。如果组织经营效率低下，则需要分析现有人员的配备是否合理，甚至涉及减员问题。与经营状况有关的影响企业人力资源需求的具体指标有：组织的工作任务（如销售量和销售额）、完成工作量的决定因素等。举例来说，企业如果希望生产量或销售量增加一倍，那么完成工作所需的人数必然也相应增加，但不能简单地增加同样的倍数，而要考虑到企业的生产率和管理效率等因素。

3. 企业的管理水平和组织结构

企业的管理水平是指企业组织、管理生产经营活动的技术和方法所达到的先进程度。管理水平高，则企业可以充分利用现有人员，但是管理水平的高低首先取决于管理人员的素质。管理水平高，自然对高水平管理人员的需求就较大。此外，现有组织高层发生重大变化时，组织战略及人事政策都会随之改变，自然也会影响人力资源需求。

组织结构对人力资源需求也会产生影响。随着组织趋于扁平化，管理幅度增加，员工跨层升迁的机会也就有所减少，同一级别的人员供给相对过剩。对一般员工的需求减少，对具有较高管理能力的高层管理人员的需求增加；对现有员工的需求减少，而对从外部招聘新人的需求增加。组织结构对人力资源需求的影响，还体现在要求员工有更高的素质、能学习适应新角色等方面。

4. 现有人员的素质和流动情况

人力资源需求预测其实不仅仅是预测未来所需的人才，判断企业是否合理使用现有的人力资源显得更重要判断现有的人员要看能否满足企业增加产量、提高效率的需要，能否适应市场竞争的需要。如果现有的人员配置合理，则相对来说，现有工作对人力资源的需求就不太重要，企业就可以更多地着眼于未来。此外，企业还应考虑组织中人员因为辞职、调动、升迁或中止合同而发生的流动比例或流动频率等因素。人员流动对企业来说成本相当高，这些成本包括离职成本、重置成本和培训与开发成本等，对于专业技术人员和管理人员来说，这些岗位的流动成本可能还要高得多。人员流动性对人力资源需求预测提出了更高的要求，一方面可能是由于前期的人力资源需求预测不到位而带来的问题，另一方面也要求面向未来作出更合理的预测。

二、企业战略与人力资源需求预测

（一）企业战略与人力资源需求的关系

企业战略涉及组织总体目标的设立及设立的背景依据，以及实现总体目标的政策、措施和手段。而这些政策、措施和手段关系到利用组织内外一切可以利用的资源（含人力资源和物质资源），以取得最大的经济效益和社会效益。企业战略对实施战略的人员提出了数量和质量要求，而对外部环境的研究和企业状况的分析则能发现企业可以利用的外部资源，两者结合最终影响企业的人力资源规划。人力资源规划是对人力资源的需求和这种需求得以满足的可能性进行分析和确定的过程。人力资源规划的目的是保证实现企业的各种目标所需的人才。因此，企业战略是制订包括人力资源需求在内的人力资源规划的目标和基础。

企业战略是企业关于组织未来的规划，它的制订、选择和实施都离不开员工的参与。作为组织重要资源的人力资源对战略的实施与实现起着关键的作用，企业的一切其他资源都必须与人力资源相结合才可能创造效益。因此，组织在规划未来的时候，必须使组织的战略和人力资源计划相吻合，不仅要考虑到现有的组织成员能否满足战略发展的要求，还需要预测未来战略的实施可能需要的人才，以便提前做好培训或招聘准备。

在企业战略规划中，管理者应该考虑一个重要因素，就是需要什么样的人以及需要多少人来实现组织的目标。成功的人力资源需求预测有助于增进组织灵活应变的能力，保持竞争优势。人力资源需求预测首先考虑的不是眼前的某个具体人员，而是一段时期内的一批、一组或一类人员的需求，具体的人员只是满足人力资源需求的执行者而已。

同时，企业总体上的竞争战略是制订人力资源规划的基础。进行人力资源需求预测的目的就是保证实现企业目标所需要的各种人才。不论企业采用什么样的战略，它都必须适应经济体制中各类基本关系的变化。特别是在经济全球化的时代，世界各国正在兴起科技创新的热潮。与此相适应，企业组织需要一种能够支持创新的"柔性"结构体系。在目前的经营环境下，世界经济的发展状况和员工数量的变动都是不容忽视的考虑因素。这些因素是战略规划需要考虑的问题，也是人力资源需求预测需要解决的问题。

(二) 企业战略与人力资源需求预测的整合

战略规划是影响人力资源规划的重要因素，同时战略的实施和实现又离不开人力资源需求预测的配合。企业战略必须包括人力资源规划，才能保证落实企业战略规划的其他任务。而有效的人力资源需求预测也必须和企业战略相互依赖，相互作用。

一个企业可以根据不同的假设，制订几种人员需求方案。每种方案都可以运用到规划中。例如，企业为了实施一系列兼并与收购战略所制订的计划，要根据这些并购活动成功实施的程度，确定不同层次的管理及专业人才的需求。而别的企业则可能根据与经济环境相适应的各种增长率，制订不同的人员方案。

人力资源需求预测作为人力资源规划的核心部分，分析组织当前的人员配置是否合理及未来发展所需的人力资源，预先测定组织的总体规划实施所需要的人员数量和质量。比如，如果一家公司决定进入一个新的领域，建立一家新的工厂，或者压缩活动范围，所有这些活动都会影响到需要补充的人员数量和种类，这就需要人力资源需求预测的帮助，同时这也会影响公司人力资源计划其他方面的活动。

同时，人力资源需求预测又会影响战略的实施与实现。预测的主要作用是为管理者提供有用的信息。预期结果可能是一张表格、一些数据或者一份分析报告，都可以作为管理者进行招聘或减员的参考。不过预计的需求和供给很难恰好相符，必须对需求不停地进行调整（例如需要更少的员工）或者调整供给（例如加速进行人员的轮换，或者增加招聘的人员），直至供需平衡。

三、工作分析与人力资源需求预测

(一) 人力资源需求预测的基础是工作分析

工作分析是通过确定工作的义务、任务或者活动来收集信息的过程，工作分析收集的信息是许多其他人力资源管理职能的起点，因而有时工作分析被称为人力资源管理的基石。在瞬息万变的环境中，进行工作分析就显得更为重要。新的工作不断产生，旧的工作要重新设计。参考一份几年前所做的工作分析可能无法得到确切的数据资料，甚至会产生误导。而工作分析就可以帮助组织觉察环境正在发生的变化。

工作分析对人力资源管理的许多方面都有影响。如果招聘时不知道胜任某项工作所必需的资格条件，那么对员工的招聘和选择将会漫无目的；工作分析提供的信息在确定人力资源开发需求方面也很有用。如果工作规范指出某项工作需要某种特殊的知识、技能和能力，而在该职位的人又不具备，就有必要进行培训和开发。至于绩效评价，应根据员工完成工作说明中规定的职责的完成情况来进行，否则评价就可能缺乏公正性。在报酬方面，相对来说，工作职责越重要，工作就越有价值，要求有更多的知识、技能和能力的工作对公司来说应该更有价值。例如，一般而言，要求具有硕士文凭的工作的相对价值应该高于只需本科文凭的工作。同样，在考虑安全和健康问题时，来自工作分析的相关信息很有价值，工作说明和工作规范中应该反映出存在的危险性。通过工作分析获得的信息通常有助于形成更客观的人力资源决策。对于人力资源研究人员而言，工作分析也提供了一个研究的起点。完整的工作分析对支持招聘实践的合法性尤其重要，例如，工作分析的资料可以为晋升、调动或离职提供依据。

从上面的分析来看，来自工作分析的资料实际上对人力资源管理的各个方面都有影响。不过工作分析资料的主要作用在人力资源规划特别是人力资源需求预测方面，工作分析收集的信息对企业进行人力资源需求预测也会起到非常关键的作用。仅仅认识到一家公司需要 1000 名或 500 名新员工生产产品或提供服务以满足销售需要是不够的，人力资源经理还应该清楚了解每项工作所需的不同知识、技能和能力。显然，有效的人力资源规划必须考虑到这些工作要求，而人力资源需求预测也必须以这些要求为基础。人力资源经理会利用这些数据来扩充工作描述和工作说明书的内容，为人力资源需求预测提供依据。反过来，这些文件也会被用来实施和强化不同的人力资源管理职责，而工作分析的最终目的是提高组织工作效率和生产率。

工作分析也是组织找到合适人才的基础。组织的招聘、选择和淘汰员工等决策都必须依据工作分析，在人力资源需求设计的基础上进行。在制造业、服务业甚至高新技术产业中，越来越多的人力资源管理者发现，很难为空缺的职位找到合适的申请者，因此进行人力资源需求预测对经理而言又有了新的意义，不仅可以找到完成当前工作所需的人才，也可以为组织的未来发展提前储备人才。

（二）需求预测前要进行有效的工作分析

工作分析是企业有效预测人才需求，进行人力资源规划的重要前提。工作分析要对人力资源需求预测有价值，则要求通过工作分析得出的工作描述和工作说明书尽可能准确。详细的工作描述和工作说明书为企业选拔、任用合格的员工奠定了基础。通过工作分析，组织掌握了工作任务的动态和静态特点，能够系统地提出有关人员的生理、心理、技能、文化和思想等方面的具体要求，并对岗位的用人标准作出具体详尽的规定。工作分析是企业进行人力资源需求预测的基础，为企业进行有效的人力资源需求预测提供了重要的依据，让人力资源需求预测做到有的放矢。

工作分析的内容具体分为两大部分：工作描述和工作说明书。工作描述具体说明某项工作的内容、特点以及工作环境等，主要包括工作名称的描述、工作内容（主要指工作活动和工作程序）的描述、工作环境的描述、工作报酬的描述，以及工作的人际关系、社会文化和习俗等内容。工作说明书主要是根据工作描述的内容，指出从事一种工作的人员必须具备的各项要求，包括知识要求、能力要求、技能要求等。

工作分析收集信息的过程是依照一系列事先确定的步骤，进行一系列的工作调查。工作分析的结果是形成一份书面报告，通过对若干个工作任务或活动的分析，对收集来的信息进行总结。进行工作分析是人力资源部的主要职责，但也需要相关部门员工和经理的配合。

四、人力资源需求预测的方法

（一）定性预测法

1. 零基预测法

零基预测法是以组织现有员工数量为基础来预测未来对员工的需求。而实际上人力资源计划也是采取同样的步骤进行零基预算的，每年每项预算都要据此作出调整。如果员工退休、被解雇或出于某种原因离开了公司，这个位置是不会自动补充人员的。公司必须进行人力资源需求分析，以确定是否有必要补充人员。当需要设立新职位时，也要进行同样的分析。零基分析法的关键是要对人力资源需求进行详尽分析。

零基预测需要了解当前的人员情况，并掌握任何新增的变化如职位增加、变化或撤销。企业当前的人力资源需求和条件是进行人员配置需求分析的逻辑起点，即使灵活的、不断变化的组织也将当前需求确定为得到批准的人员配置，而不仅是现有员工人数。

很多组织都使用一种正式的职位安排与控制程序来控制人员的增加以及职位和组织结构的变动。在这种情况下，通常由高级管理人员（一个委员会或职能部门）评审拟议新的职位或组织变革（包括人员扩充）。无论何时，只要一个职位成为空缺职位，就可以对其进行评审，审查它存在的必要性及其构成是否合适。如果在制订人力资源需求计划的过程中采取一种"零变化"的战略，这种方式就要求提出新职位或人员补充建议的单位管理者阐明理由。

一种类似但较少限制的程序是要求新职位的设立、组织变革和人员聘用必须得到必要的批准或授权。人力资源信息系统（HRIS）可以提供一种自动指示，说明所建议职位是否被纳入预算计划并得到授权。预算授权可以详细说明需要什么样的人员配置以及与以前的人员配置要求有什么不同。

2. 自下而上预测法

自下而上预测法又称管理者经验预测法，它是基于这样的推理，即每个部门的管理者最了解该部门的人员需求。自下而上法是先由组织中的每个层次——从最低层开始——预测其需求，最终汇总得出人员需求的预测总数。当管理者将现有的人员和预测的人员水平进行了比较，给人力资源部门充分的时间进行内部和外部资源研究，定期对人力资源需求进行规划时，人力资源预测最有效。

本企业管理者是最有资格对为实现本企业目标所必需的人员配置作出判断的人。判断的质量取决于该管理者的估计，而且要靠预测所得到的信息来提高判断的准确性。

这种"询问和发现"的预测方法通常能满足一个组织的需要，尤其是对运营状态以及人员配置需求稳定的组织而言。这种预测包括从单位管理者那里收集、判断、估计信息并将这些信息汇集成一个全面的预测。然后，在准备整体预测的过程中，根据连续的管理评价与分析对预测结果进行调整。一旦完成并得到批准，就会将这个预测分解开来，作为被批准的人员配置计划返还给管理者。

这个方法体现了一种正式的、系统的规划过程，但是这个过程仍主要依赖于企业管理者的主观判断知识。在这个预测过程中，"询问"应包括以下估计：

（1）所需要的新职位。

（2）要撤销或不需要进行补充的职位。

（3）现有职位的变化。

（4）双重人员配置，预期的加班等。

（5）预期的人力闲置（由于新员工上岗参加培训或项目的时间间隔等）。

（6）计划期内工作量波动。

（7）变化的预算影响（成本）。

（8）企业一般管理费用、签约的劳动力及管理监督的变化。

将这些因素调整到当前人员配置表上，从而得到对每个单位未来人员配置的预测。这个表提供了对该单位内部工作层次与种类的一种预测和未来规划基准。

3. 德尔菲法

德尔菲法是美国兰德公司开发的一种预测方法，这是一种使用频率很高的主观判断法，对于那些缺乏资料的预测尤为适用。

使用德尔菲法,首先应成立一个研究小组,将需要预测的专题概括为若干问题,然后邀请20~30位专家,将问题表寄给他们,请他们回答,参与的专家是匿名的,参与者处于互不知晓的状态。当小组收到专家寄回的问卷答案后,进行统计分析与归纳,将第一次回答的结果归纳成新的问题表,反馈给专家。一般经过两三轮的反馈后,意见趋于收敛。根据专家提出的最后意见,总结前几轮的反馈结果,进行最后预测。

运用德尔菲法,专家无须同时出席会议就可研究问题,既方便了专家,又可以防止专家之间相互干扰,信息反馈有助于提高回答质量。人力资源需求预测邀请的专家可以是一线管理人员,也可以是高层管理人员或外请专家等。

利用德尔菲法进行预测,应该遵循以下原则:

(1) 挑选的专家应该有代表性。

(2) 问题表设计应该措辞准确,不引起歧义,征询的问题一次不宜太多,列入征询的问题不应该相互包含。

(3) 进行统计分析时,应该区别对待不同的问题,对于不同专家的权威性应给予不同的权数,而不是一概而论。

(4) 提供给专家的信息应该尽可能充分。

4. 驱动因素预测法

该方法的原理是某些与企业的本质特征有关的因素主导着企业的活动或工作量,进而决定人员的配置需求。

影响人员需求的因素包括:

(1) 产量方面的变化(收入、生产或销售的单位或数量、完成的项目、交易等)。

(2) 所提供服务的变化(数量、质量、速度等)。

(3) 客户关系方面的变化(规模、时间长短、质量等)。

(4) 新资本投资(设备、技术等)。

综上所述,可以通过直接运用驱动因素的变化来进行人力资源需求预测,确定人员配置需求。扩张、新的购并、新的设备、组织重构或其他因素都可能直接影响未来的人员配置需求。例如,组织中的研发部门,根据特殊的项目计划确定人员配置需求。每个项目都有明确的工作计划和包含人力资源在内的资源需求。

驱动因素预测法是当今企业首选的方法,因为该方法透明、合理、慎重,管理者很清楚对企业具有直接影响的人员配置需求驱动因素,并能够根据自己的判断去进行调整。这种方法也考虑到对规划模型的快速调整,无论何时对计划进行更新,都可以在这个模型中对驱动因素进行评估、再评价和调整。它还将人力资源需求预测直接与经营和资本规划联系起来。

不过这种方法合理应用的前提是驱动因素的影响容易测量,更常用于确定操作人员和事务性岗位的人员需求,而不是确定管理、专业或某些技术岗位的人员需求。

(二) 定量预测法

1. 回归分析法

回归分析法是一种定量的预测方法,是通过建立人力资源需求与其影响因素之间的函数关系,从影响因素的变化来推测人力资源需求量的变化的一种数学方法。回归分析既有一元回归、二元回归和多元回归之分,又有线性回归和非线性回归之别。我们主要讨论一元线性回归和多元线性回归预测法。

(1) 一元线性回归预测法。一般只有在某一因素与人力资源需求量具有高度相关关系时,才运用一元线性回归预测法。在应用一元线性回归方程进行预测的时候,首先必须预测自变量和因变量之间的相关系数。

(2) 多元线性回归预测法。实际工作中,影响企业人力资源需求的因素往往不止一个,结果是多个主要因素共同决定了企业人力资源需求量,而且它们与人力资源需求之间也是线性关系,因此就需要建立多元线性回归方程。多元线性回归预测法与一元线性回归预测法不同,它是一种从事物变化的因果关系来进行预测的方法,该方法不再把时间、产量或收入等单个因素作为自变量,而是将多个影响因素作为自变量。多元回归分析能够确定多个变量之间的关联模式。它运用事物之间的各种因果关系,根据多个自变量的变化来推测与之相关的因变量的变化。由于多元线性回归分析法涉及很多数学公式,在此不进行详细的介绍。

2. 趋势外推法

趋势外推法是时间序列法中最简单的一种方法,时间序列法还包括移动平均法、指数曲线法。有些方法不经常使用,这里只介绍一种比较简单易行的趋势外推法。

趋势外推法是当企业人力资源需求量在时间上表现出明显的均等趋势时才使用的方法。具体的做法是:将企业人力资源需求量作为纵轴,时间作为横轴,在坐标轴上直接绘出人力资源需求曲线。根据需求曲线可以预测企业未来某一时点的人力资源需求量。

这种方法的缺点是过于简单,只能预测人力资源需求的大概走势,不能提供有关人力资源质量的数据。这种方法的优点在于实用性比较强,只要将横坐标换成其他对人力资源需求影响显著的因素如组织的工作任务、销售额、销售量、生产率等,就可以用这种方法来预测完成一定的工作量所需的人力资源数量。具体操作是对同类工作所需要的人力资源数量的散点图进行分析，可以根据散点的走势来判断工作量或其他因素的变化对人力资源数量的影响。

3. 比率分析法

比率分析法首先是以组织中以下两种因素的比率为依据的：①某些关键因素，如销售额、关键技能员工的数量等；②所需要的人力资源数量。

另外，还可以通过企业的一些关键人员数量预测其他人力资源需求量。例如，可以通过计算销售人员—文秘人员比率，来确定需要增加多少文秘人员与新增加的销售人员相匹配。以一所大学的商学院为例，MBA 学生的数量每增加 1%，教师的数量就需要相应地增加 1%，同时职员的数量也需要增加 1%，否则难以保证商学院 MBA 学生的培养质量。这实际上就是根据组织过去的人力资源数量同某个影响因素的比率来对未来的人力资源需求进行预测。需要指出的是，比率分析法假设两种因素的比率不变，这常常影响了预测的准确性。

4. 计算机模拟预测法

计算机模拟预测法是人力资源需求预测中最复杂也是最精确的一种方法。这被比喻为在一个"虚拟的世界"里的实验，它能综合考虑各种因素对企业人员需求的影响。该方法主要在电脑模拟的虚拟环境中，对组织可能面临的外部环境的变化及自身的复杂动态进行分析，从而得到未来需求的人力资源配置方案。随着信息技术的广泛应用和计算机的普及，这种方法将会得到普遍应用。

以上从定性和定量两方面介绍了人力资源需求预测的几种方法。定性预测方法的使用使管理部门直接参与到人才需求预测过程中，还可以将技术变化、工作负荷变化、组织变化综合起来考虑，包括把一些无法度量的因素考虑在内，使预测结果更可信。而定量分析方法提供了一种有效的补充信息，有助于管理人员作出有关未来人员配置需求的判断。这一分析方法的重要价值在于为可能的人员配置目标确定可能的人员配置水平，而不在于其精确性。包括回归分析、数学模型等在内的定量分析可以改变对生产、销售及其他经营计划的人力资源管理。总之，人力资源需求预测的不同方法各有优劣，在实际操作中可以结合使用。

第二节 人力资源供给预测

一、人力资源供给的影响因素

（一）企业战略对人力资源未来供给的影响

人力资源的未来供给，是指一个企业在未来某一时点或某一时期自身的人力资源可供量。从内部劳动力市场角度来看，企业对未来人力资源可供量的预测是以当前的在职员工为基础的。根据人力资源管理的经验，推断计划期内可能流失的员工数量及相应类型，推断组织内部劳动力市场上的变动情况（例如晋升、降职、转职等），推断新增员工的数量，这样就能确定在未来某个时点或者时期组织内部可以提供的人力资源数量。例如，如果某一企业实施兼并战略，为了将经营理念导入新的企业，母公司必须派出大量的高级管理人员。此时，母公司管理人员的可供量将直接影响该战略的实施。

（二）企业内外部环境因素对人力资源未来供给的影响

没有一个组织可以脱离环境而生存，因此，企业制订人力资源战略同样要对环境进行分析，既要跟踪和了解外部环境的发展趋势，掌握这些发展趋势对人力资源管理的影响，又要从内部环境进行分析。

1. *外部环境*

外部环境是指宏观经济状况、劳动力市场和法律法规等环境。

（1）宏观经济状况。宏观经济状况包括一个国家或地区的经济状况、行业的经济状况，甚至跨国的经济状况。宏观经济状况对一个组织的人力资源供给状况影响很大。以中国的家电制造业为例，长虹、海尔公司所能提供的就业机会和工作类型，所需要的工人数量和职业类型，给这些工人提供的报酬数量和类型，无不受到我国宏观经济状况的制约。

（2）劳动力市场。这里讲的劳动力市场是指外部劳动力市场。劳动力市场代表着这样一个外部活动场所，组织从这个场所寻求新的员工（劳动力需求），个人在这个场所谋职（劳动力供给）。以招聘为例，从量的方面来说，当劳动力市场的劳动力供不应求时，招聘活动会变得既困难又昂贵，不易招聘到适当数量的求职者。与此相反，当劳动力市场的劳动力供过于求的时候，将给企业创造一个比较有利的环境，可以识别并吸引足够数量的求职者。

从质的方面来说，劳动力需求一方对求职者的素质（知识、技术、能力及其他特征）会提出具体要求，对求职者的物质和精神需求也会设定一个范围。而劳动力供给一方的素质结构、激励因素在一定时期内是相对稳定的。因此，能否满足组织特定的配备员工的需求，取决于当前劳动力市场上的资源数量和结构。

（3）法律法规。法律法规对企业人力资源政策的影响是巨大的，并带有强制性。它们规范和界定了聘用关系的性质以及人力资源管理活动的合法范围。资方与员工个人之间签订劳动合同要依法进行，其结果具有法定约束力，受到法律保护。

2. 内部环境

内部环境分析是指对组织内部劳动力状况以及与人力资源管理相关的活动进行了解和评价。一方面，企业必须清楚自己组织内部的劳动力状况，特别是员工的构成和多样性，否则，就无法制订切合实际的人力资源政策和活动项目，从而无法实现理想的员工结构和多样性；另一方面，企业还必须了解员工志向、偏好和兴趣的转变，特别是在工资报酬方面。公司如果对此项要求不重视，这些员工很可能会转而投奔能提供这些福利的公司。因此，对内部环境的分析，可以帮助企业预测已有员工的流失数量或者吸引新员工的数量。

此外，影响人力资源供给的因素还有技术进步和行业生命周期阶段。例如，我国目前正在进行产业结构调整，加大高新技术对传统产业的改造。随着企业技术进步的加快，劳动密集型产业的劳动力人数明显过剩，新兴行业的人才需求明显增大，如金融业、IT业、保险业的高级专门人才。因此，提高员工素质，采用新技术、新工艺以提高劳动生产率已成为人力资源管理和开发的重要职能。

再有，工会组织由于其自身代表职工行使集体协商权利，对企业人力资源规划具有一定的话语权。

二、内部劳动力市场与人力资源供给预测

企业不可能在真空中制订人力资源规划。首先，人力资源目标必须与组织的预定方向相一致，也就是说与长远战略计划一致。其次，人力资源计划必须与企业的短期目标一致。人员结构、人员水平、工作结构、现有或预计的资源最终取决于内部和外部劳动力市场的结构与作用。因此，必须对劳动力市场进行分析，然后才能进一步探讨人力资源目标。

（一）内部劳动力市场

内部劳动力市场是由现在正被企业聘用的员工构成的。内部劳动力市场有以下三个方

面的原则：①工作分析方法。在一个组织中，工作的组织方式和工作的描述方式是不同的，内部劳动力市场必须建立在系统的工作分析基础之上。②候选人的挑选方法。对于公开的内部劳动力市场来说公司应在组织内部实行公开招聘，任何人均可提出申请。在内部劳动力市场登出广告数日后，再进行外部广告宣传，用这种方式赋予内部申请者优先权，然后对每一个申请者进行面试。③人力资源管理人员发现和挖掘潜在候选人的程序和权力是制度化的。建立在上述基础上的内部劳动力市场分析包括以下内容：

1. 组织战略与内部劳动力供给

企业内部劳动力市场的可供给程度首先取决于组织发展战略。例如，如果组织准备实施收缩战略，超过50岁的员工就要考虑提前退休。公司发现有大批中高级经理年龄在50岁以上，企业的中高级管理人员明显过剩。但如果50岁以上一律提前退休，组织又将会失去大批有经验的管理人员。相反，当企业实施扩张战略时，则可以从组织内部提拔人员补充到经理队伍中，这就要求对候选人在目前岗位上的业绩进行评价，考察提升潜力。考察的内容包括以下方面：①工作经历；②教育背景；③优势和劣势评价；④个人职业生涯发展的需要；⑤目前及未来提升的潜力；⑥目前工作业绩；⑦专业领域；⑧工作特长；⑨地理位置偏好；⑩职业目标和追求等。

2. 组织结构与内部劳动力供给

随着组织纵向层次的减少，管理层数就会减少，员工跨层升迁的机会也相应减少，同一级别的人员供给就会相对过剩，这时横向的职位变迁（如在同级工作部门中调换不同的岗位）将受到欢迎。因此，通过学习新的技能，熟悉不同部门内其他新的角色，培养员工技能的多面性，将增大内部劳动力供给的强度。例如，在直线型结构的企业中，提升是单维架构的；在事业制或矩阵式企业中，事业升迁阶梯变成了多维框架，其中既有向上升迁，又有水平调动，有时偶尔也会出现向下调整的情况。

当现有员工的工作需求有所减少时，一个或多个部门中会出现人浮于事的现象，组织可以计划减少内部劳动力供给。造成这种情况的原因是多方面的，例如，当新技术出现和自动化程度提高时，劳动密集型企业的一般劳动力将出现过剩，对技术人员和研究人员的供给将提出新的要求。

3. 企业人员流动率与内部劳动力供给

在收集和分析有关内部劳动力的供给数据时，企业内部人员流动率将对劳动力供给产生重大影响。例如，某个部门有50名员工，前一年有10位员工离职，则该部门的人员流动率为20%。如果组织其他部门的该指标都不超过5%，就说明这一部门的人员配置存在问题。一般情况下,某些行业通常会有较高的人员流动率,如餐饮娱乐业的人员在某一岗位的留任时间通常较短。

查明人员流动率很高(或很低)的原因对内部劳动力供给分析非常有益。人员流动率较高的原因可能是竞争者为其提供了更好的条件和福利,或员工对所在部门有种种不满,也可能是工作缺乏保障或管理太差。同样,对同时进入组织的员工进行更多的了解也是很有帮助的。例如,一家企业接收了某大学的应届毕业生,这些员工在经过学习和接受培训后走上了工作岗位。对这组人员的定期调查有助于了解有多少人完成了培训,有多少人取得了某种业绩,达到了某个级别,又有多少人离开了公司。企业采用这种招聘方法实际上是选择了必然导致人员频繁流动的供给来源。当管理者意识到这一点时,他们采用了新的方法,大大降低了员工流动率。

(二) 内部人力资源供给预测的方法

内部供给预测与组织的内部条件有关。在未来一定时期内,人力资源供给预测方法有很多,如经验预测法、趋势预测法、德尔菲法、线性回归法、线性规划方法等。就组织人力资源管理而言,常用的方法有接班人计划法、马尔可夫链预测分析、供给预测矩阵法与供给推动模型等。

1. 接班人计划法

在一个组织中预测特定时期内的员工,流动状况是确定劳动力供给的基础工作,进行这一预测工作的基本思路是:确定预测目标和工作范围,确定每个关键职位上的接替人选,评估接替人选目前的工作情况,根据个人的职业目标和组织目标确定职业发展需要并预先实现供给。接班人计划法就是根据这一思路进行人力资源供给预测的。请看下面的例子:

A省交通局是华东地区一个主要的交通管理部门。它负责大约1500公里省级公路网的管理,同时负责其余62500公里市级公路的津贴分配以及省内通勤火车和航空服务的规划。该部门的主要工作内容包括有关运输系统和设施的计划、设计、建造、保养和研究等。

该局全日制工作的劳动力包括大约2600名管理人员和7700名员工。但由于一些客观原因,接班人计划仅仅适用于中层和高层管理人员(大约1300个职位)。制订接班人计划是每个中高层管理人员的一项基本责任。

现有人员数量是根据交通局人力资源管理的人事档案确定的。人员减少量是辞职人数、解雇人数、调离人数和退休人数的总和。辞职、解雇和调离人数根据历史资料进行估计，然后根据目前和未来的趋势加以调整。退休人数则通过核查确定。

后备人员有两个来源：一是根据每年对员工的工作鉴定情况，确定在下一个计划年度中可以晋升的员工；二是在评价过程中，管理者要甄别那些有能力在不同的职位上获得至少两次晋升的佼佼者（在3年时间内）。

未来需求的预测是以目前和未来的组织计划为基础的，由发展部的战略政策委员会（由总经理和高层经理人员组成）根据6个计划小组提供的资料来确定。

最后，每个职能部门的管理人员接班人计划的基础资料用计算机化的预测模型进行处理。

在员工接班人计划中，通常要列出现在的在岗人员和一旦出现空缺时的替换人选。

2. 马尔可夫链预测分析

进行内部人力资源供给预测的另一种方法是马尔可夫链预测分析。该方法的基本思想是找出过去人事变动的规律，以此推测未来的人事变动趋势。

所谓马尔可夫链，就是一种随机时间序列，它在将来取什么值只与它现在的取值有关，而与过去取什么值无关，这种性质称为无后效性。如在荷花池里有N张荷叶，编号为1，2，…，N。假设有只青蛙随机地从一张荷叶跳到另一张荷叶，在时刻 t_n，它所在那张荷叶称为青蛙所处的状态。那么青蛙在未来处于什么状态，只与它现在所处的状态 i（i=1，2，…，N）有关，与它以前在哪张荷叶无关，这就是所谓的无后效性。记 x_n 为时刻 t_n 时青蛙所处的状态，以 P（$x_{n+1}=j | x_n=i$）= p_{ij}，i，j=1，2，…，n。表示青蛙从第i张荷叶（在 t_n 时刻）跳到第j张荷叶（在 t_{n+1} 时刻）的可能性，又称为从状态i经一步转移到j的概率，简称为一步转移概率。将这些 p_{ij} 依次排列起来，就构成一个矩阵，叫作转移概率矩阵。

3. 供给预测矩阵法

供给预测矩阵法是运用一种结构化表格进行人力资源供给预测并将预测结果标在表上的常用方法，在预测工作中，管理人员无论是采用直觉判断还是量化分析，都可以使用这个结构化表格。该表格简明地总结了：①人力需求；②关键比率和指标；③预计的人员配置来源。

4. 供给推动模型

近年来，建模技术已经用于分析或模拟人力资源流动和需求。模型有助于考察人员在组织中的系统流动情况，有助于将这种流动与预计的人员需求进行比较。在人力资源规划过程中，模型主要被用作管理者的描述和模拟工具。例如，在一个大型企业中，建模工作为管理者提供了合理估计未来数年人才供求的手段。

现在，模型主要用来模拟预期的人员配置结构，形成几种备选方案。管理者可以比较这些方案并挑选他们认为对他们的计划需求来说最切实可行的方案。模型使管理者能探究他们不能直接观察的系统方面，例如员工长时间在组织内的不同工作种类间运动的模式，内部劳动力供给对管理政策及聘用决定变化的反应等。

通过模型，管理者可以考察以往政策以及组织环境对未来人才供求的内在含义，而且可以研究政策变化、人员配置与人员开发行动以及组织变革的作用，并在制订人力资源计划时考虑这种作用。因此，模型是完成这种繁杂的管理任务的一种强有力的工具和一个有效的信息反馈来源。

供给推动模型和需求拉动模型是常用的模型，前者用单位及层次间的人员流动率预测未来的人员流动；后者则依靠对由空缺职位所带来的人员流动的分析，说明人员更新或牵引作用。在这里，着重讨论供给推动模型。

该模型用自下而上的方法来预测员工在组织中的流动。员工可能流动（被推）出其现任工作岗位，进入其他工作岗位（通过晋升、横向调动），或离开该组织（通过终止聘用）。该模型用根据以往经验或假设（判断）得出的比率来说明员工的流动。

一种基本的矩阵构成了这种模型，一般来说，这是一种二维矩阵。在这种矩阵中，列被界定为项目、职能或组织单位，行用来说明层次（薪资等级或组织层次）。通过人才盘点，将当前员工的实际数量分配到该矩阵的每个单元。该矩阵应当与以上讨论过的用于预测人员配置需求的方法相同。

如果看到员工有从一个单元转移到另一个单元或完全离开该组织的可能性，企业就能制作一个转换比率或概率的矩阵或表格。通过矩阵或表格能够了解在该系统中人员流动的动力，从而奠定预测的基础。如果根据流动将如何变化来管理判断或调整这种概率，就会得到一种灵活的模拟模型。实际上，在某些模型中，每一种转换比率都可能改变，因此，可以根据非常特殊的假设进行预测。

将转换比率用于这个矩阵的过程可以告诉我们，员工是会保持在某种特定状态，还是会在未来某个时候流动到各种可能的其他状态。简单地说，就该矩阵的每个单元来看，该模型计算出将要出现以下变化的员工数量：因任何原因离开该组织；晋升到另一个单元；横向调动或降职等。

以上是内部人力资源供给预测中常用的模型。在实际工作中，可供选择的人力资源供给预测方法有很多，适应性各不相同，在实际中需要灵活运用。

三、外部劳动力市场与人力资源供给预测

如果组织增加员工的需要不能从内部供应得到满足，就需从外部劳动力市场招聘。在劳动力市场中，通过劳动力供给方（寻找工作的人）与劳动力需求方（寻找人员的雇主）相互作用，从而决定劳动力价格的地理区域或劳动力特征的类别。在供不应求的劳动力市场中，雇主对劳动力的需求量超过劳动力的供给量，因而使工资水平上升。在供大于求的劳动力市场中，劳动力的供给量超过雇主对劳动力的需求量，从而使工资水平下降。近几年，计算机人员、金融工程师、资本运作人员的劳动力市场供不应求，这些工作的工资水平一直在稳定增长。农村剩余劳动力、劳动密集型生产线上的工人和无技术的劳动力供过于求，因此限制了这些工作的工资水平增长。

（一）外部劳动力市场的影响因素

1. 人口因素

人口结构（如进入就业大军的年轻人人数的变化）影响着劳动力的外部供给。人口变化将改变劳动力的年龄结构，并迫使雇主重新评估其招聘方针。这类评估的结果可能是偏向于招聘年龄较大的工人，他们在劳动力组成中所占比例会有所提高。

劳动力结构也会在其性别方面发生变化。比如，女性就业人口比例上升的趋势将使组织更具"家庭化和亲情化"特征。越来越多的组织将会雇用更多的女性和老龄员工，这就要求企业根据已有的变化，采用适宜的招聘、薪酬和培训战略。

另一个值得注意的因素是劳动力政策立法的变化。近年来，我国许多省市纷纷颁布了吸引各类人才的政策，预示着在全国范围内人才要有更大的流动。根据这些立法，人才可以在不同省市自由择业。从人口角度看，欧洲人口结构中年轻人所占的比例近年来有明显的下降，其结果可能会使亚洲国家的熟练工人前往欧洲寻求就业，填补空缺。然而，这种预测可能会受到其他因素，如语言、文化和经济增长等的制约。

2. 社会和地理因素

劳动力的外部供给还会受到社会和地理因素的影响。人们不可能给劳动力市场划定一个明确的地理界限。如果有必要的话，雇主会在很远很广的地区范围内招聘所需的员工。从工作申请者的角度看，从一个地区的劳动力市场到另一个地区的劳动力市场将受到很大的限制。总之，雇主所面对的并不是单一的劳动力市场，而是一些不连续的、相互分割的劳动力市场，这些市场的供需条件差异很大。许多人看到了这一事实，把它视为造成职业

之间和地区之间工资差别的主要原因。在英国的某些地区（如英格兰北部、苏格兰、威尔士等地），旧的行业迅速萧条，有大量具备一定技能的劳动力可供选择。这促使许多企业将工厂迁移到此类地区。还有其他一些因素，其中包括高质量的运输系统和接近产品市场等，促使企业作出将生产转移到劳动力供给充足的地区的决定。

许多在英投资的日本公司在失业率较高的地区建厂时就采取了类似的举动。例如，一家生产铲土机的日本公司，在英格兰东北部建立生产线就是因为此地区存在大量处于失业状态的熟练工人。选拔过程主要是考察求职者的团队精神和对公司合作生产方式的态度，以及计算能力和灵巧程度。

3. 员工的类型和资质

员工的类型是外部劳动力供给中需要考虑的一项因素。和蓝领熟练工人、半熟练工人相比，新毕业生和专业人员更容易为选择工作而搬迁。外部劳动力市场分析不仅能够帮助确定在哪里可以找到潜在的员工，而且可以帮助预计哪种类型的人可能在组织中获得成功。一些企业可能从过去的人事记录中发现，大部分取得成功的员工都居住在离工作地点不超过20公里的地方。这些信息表明了在哪一特定地理范围进行集中招聘可以对企业的绩效产生良好的影响。

目前，有关劳动力自由流动的政策在我国许多省市已经形成法规，但在实际中，这种流动性对管理人员和专业人员更具现实意义，因为他们会因更优厚的报酬而流动迁移。在欧洲，欧盟采取了多项措施增加劳动力市场的流动性，其中包括推动实施统一的职业标准、资格认可的可转移性、交换学生计划等。

毫无疑问，员工所必需的文化素养、技术能力和资质也影响外部劳动力市场。企业可根据这些因素中的一个或几个来分析现有的劳动力市场。比如，一个需要雇用四名兽医的农业研究机构不能把招聘范围只局限于当地，因为劳动力市场是全国范围或国际范围的，这个市场中并不涉及工会会员问题，但涉及许可证问题。

一般说来，一个获得兽医学学位的兽医需要持有政府发给的许可证才能行医。工作申请者可能不太关心工作地点，而比较关心工作条件和职业生涯发展。再如，假如一个医院想聘用一名临时管道工，就要到劳动力市场上了解行情。这个劳动力市场主要是由地理区域定义的，其次是由具备某些条件的人定义的，这些人具有工作所要求的经验、技术。

4. 企业的人力资源开发政策

当外部劳动力市场难以提供满足组织所需的各类条件的员工时，劳动力供应将出现紧缺。相反，宽松的供应意味着有大批符合条件的人可供挑选。在失业率相对较高的情况下，人们可能会得出结论：劳动力的外部供给比较宽松。从定量的角度来看的确如此，但从定性的角度分析一下，就会发现情况相当复杂。

招聘到所需人员的另一种方式是聘用具有特定潜力的人员，然后通过培训使其达到所需标准。这中间当然涉及培训成本和招聘到的员工潜力无法发挥的风险。人员培训是一项费时费力的事情，特别是对尚未建立体系的小型组织来说，这类活动可能费用极高、难度极大。不过，企业自己培训员工也有其独特的优势。在员工方面，可以逐步提高员工对企业的认同感和责任感，培训可以直接与组织需要联系在一起，这是一种将人视为组织资产的人力投资。

综上所述，企业外部劳动力市场供给主要受到人口、行业、企业人力资源政策、社会与地理位置、员工类型等因素的影响。

（二）外部人力资源供给预测的方法

招募和录用新员工是每个公司人力资源工作不可缺少的一个环节。无论是由于生产规模的扩大，还是由于劳动力的自然减员，公司都要在劳动力市场上获得必要的劳动力。因此，对外部劳动力市场进行预测对企业制订人力资源战略具有直接的影响。

外部人力资源供给预测方法很多，在内部人力资源供给预测方法中都有涉及。下面，我们仅叙述市场调查预测方法和相关因素预测方法。

1. 市场调查预测方法

市场调查预测是企业人力资源管理人员组织或亲自参与市场调查，并在掌握第一手劳动力市场信息资料的基础上，经过分析和推算，预测劳动力市场的发展规律和未来趋势的一类方法。市场预测方法强调调查得来的客观实际数据，较少涉及人的主观判断，可以在一定程度上减少主观性和片面性。所以，有人称市场调查预测方法是客观性市场预测法。

（1）市场调查的程序。市场调查是一个过程，从明确调查的目的和任务开始到最终获得有效的市场信息并写出调研报告为止，一般要经过以下几个阶段：

第一，明确调查的目的和任务。这一阶段是调查目标的识别阶段，也是明确调查问题和调查目的的阶段。例如，为实施国际经营战略，开拓国际市场，就必须对国际经营中的人力资源状况进行调查，把所需的员工数量、质量和国际人力资源战略的目标结合起来，务求达到企业战略的目标要求。

第二，情况分析。在明确调查的目的和任务以后，在未正式开展调查之前，要充分利用本企业的现有资料，进行初步的市场动态分析，避免收集资料面铺得过大，调查成本过高，应尽可能地节省费用和时间。

第三，非正式调查。通过情况分析掌握调研课题的有关背景资料后，要尽可能地同企业外部的有关部门，例如有关的信息咨询中心或有关的专家取得联系，个别征询专家意见或召开小型座谈会，听取有经验的专业人员的意见，以取得开展正式调查所必需的知识和经验，为正式调查做好准备。

第四，正式调查。这一阶段是市场调查全过程的核心阶段，也是最重要和最复杂的阶段，在这一阶段，要收集到所需要的全部数据和资料。因此，首先需要设计好正式的调查表格，确定好调查对象和调查方法；其次需要对调查人员进行必要的培训，做好调查费用的估算，安排好时间进度计划等。

第五，数据资料的整理加工和分析。调查取得的数据和资料，一般都要经过整理加工分析才能变成有用的资料，即成为有用的市场信息。整理加工的程序有以下几个步骤。

其一，资料分类。根据调查目的和要求，将资料分门别类，例如按照不同地区、不同行业薪酬率进行分类等。

其二，资料编校。编校工作就是对已经筛选过的资料进行核实和校订，以消除资料中的谬误和含混不清的地方，例如消除调查资料中的人为误差等。通过编校，首先使资料清楚易读，编入分类表便于查找；其次是所收集的资料保持完整，尽可能保持原始记录原貌并确保资料的准确性。

其三，列表处理。将经过整理分类的资料作适当的统计处理后，进行列表，以便后续的分析。

其四，分析研究。对经过加工的数据，根据市场调查的目的和任务要求，进行分析、研究和数据深加工处理，以获取更深层的市场信息。例如，在通过调查获得不同地区、不同行业薪酬率提高的数据后，就要分析研究不同企业的劳动力市场需求增加了多少。劳动力的市场需求增加量就是一种深层信息。

(2) 调查方案与调查方法。

第一，调查方案。要进行市场调查，首先要确定调查方案。市场调查方案有普查、抽样调查和典型调查三种，应根据调查对象进行适当选定。①普查。这是一种全面性的调查。例如，人口普查，每家每户每人都要调查。对市场进行调查一般只在小范围内进行，例如在人口和户数不多的小城镇进行。②抽样调查。如果调查对象的数量大、区域广，则普查往往耗资大、时间长，实际上是行不通的。例如，城市和乡村的家庭调查都是采用抽样调查方案进行的，所需的市场信息是根据抽样调查获得的数据，通过数理统计中的统计推断原理，进行加工整理推断后得到的。③典型调查。选择一部分有代表性的调查对象进行调查，以此调查结果代表整体的情况。典型调查的主要优点是节省人力、物力和时间；

缺点是较难挑选有代表性的典型。

第二，调查方法。调查方案不论选取哪一种调查方式，都要进行具体的调查工作，具体的调查方法也很多，在此列举常用的几种：①文献查阅法。通过查阅各类经济信息报刊、市场行情资料以及产品目录大全等文献资料，就可以了解市场的一般情况，这种调查方法在市场调查中普遍应用。还可以查阅政府资料和报刊资料、各类调研机构发表的各种统计资料，然后进行对比分析，以获取所需的市场信息。②询问法。这是一种通过对调查对象进行询问或要求其填写询问表以取得答案的方法。这种方法可以是直接面谈，要求被调查者一一回答问题，调查者做好记录、录音或录像等；也可以通过电话交谈或邮寄调查表要求被调查者填写等。调查表的设计往往直接影响调查效果，因此，设计调查表的任务要交给有实际调查经验的人，调查表的用词必须严谨明了、含义准确；所调查的内容要简练、易于回答，而且要使被调查者乐意回答；要在表头处把调查的主题作简明的介绍，然后采用问答的方式进行调查。③实验法。这种方法是把市场调查看成是一次实验，通过实验，摸清影响市场状态的各种因素的变化情况。但是，影响市场变化的因素有很多，欲查清某种因素的具体影响，必须固定其他因素或把它们剔除掉，然后让所有调查的因素变化，以此来测定所需调查因素的效果。这种方法能否达到预期的目的，取决于能否将其他有关的因素较好地固定或真正地剔除掉。④直接观察法。直接观察法是依靠有经验的市场调查人员或市场研究人员对市场的直接观察结果来判断市场状况的方法。这种方法的优点是简单、直观、方便；缺点是观察范围有限，容易掺入观察者的主观看法。因此，这种方法常常作为其他方法的辅助手段而广为采用。⑤由企业本身积累的资料进行调查。许多企业积累了本企业的内部人力资源供给和外部人力资源供给等方面的大量统计资料，而且比较准确，查阅比较方便。通过对历年积累的统计资料进行细致的统计分析，求出生产、销售等方面的趋势，然后再与全行业甚至整个国民经济联系起来进行分析。这种调查方法得到的统计资料是十分有效的。⑥会议调查法。通过各式各样的会议收集市场信息也是一种市场调查的行之有效的方法。例如，每年有各种人才招聘会、人才信息发布会、人才交流会以及劳动力市场分析会等，通过参加这种会议收集市场信息，了解市场行情，常常能取得非常好的效果。

（3）抽样调查。抽样调查的抽样方法有两大类：一是随机抽样；二是非随机抽样。随机抽样是指被抽查总体（抽查对象的全体）的每一个个体被抽中的可能性是相等的，只要将被抽查的对象一一编号，然后采用摇奖机（抽签）抽取即可。这种抽样方法的优点是避免了人的主观因素，如感情、倾向、知识论断等的影响，而且所得的数据具有统计推断的功能，能估算出样本的代表性程度。非随机抽样则不具备这种功能，因而其代表性较差，然而也并非毫无用处,当抽样的总体过于庞大而且复杂,不适合随机抽样时,就必须采用非随机抽样。

第一,单纯随机抽样。单纯随机抽样是通过抽签方式(摇奖机)或查随机数表抽取样本。这种取样方法比较客观,完全排除了调查人员的主观选择,在数学上可以严格证明,在被抽样的总体中,每个人被抽到的可能性完全相等。因此,这种抽样又称为机会均等的抽样。

第二,分层随机抽样。分层随机抽样是首先将抽样总体按某种特征或属性分为若干层,然后在各层中用单纯随机抽样的方法抽取所需的样本。例如,调查某地居民每户人均收入情况,先按户人均收入的高低分为高、中、低三个层次,然后再从这三个不同的层次中,分别用单纯随机抽样的方法,按事先规定的样本数抽取样本。

第三,分群随机抽样。分群随机抽样是将抽样的总体分为若干个群体,使每个群体中都包含了总体中各种类型的个体。例如,以某所大学为一个群体,这个群体中含有教师、行政人员、后勤人员、大学生、研究生等。分层随机抽样与分群随机抽样二者是有显著区别的。前者要求各分层的子母体之间有明显的差异性。相反,分群随机抽样的子母体之间则要求具有相同性。例如,在分层随机抽样中,高收入阶层中每户的人均收入都很高,而低收入阶层中每户的人均收入都较低。但是,在分群随机抽样中,不论是高等学校群体还是工厂企业群体,每户的人均收入均有高、中、低三个档次,呈现出群体之间的相同性。

第四,便利抽样。便利抽样是随调查者的方便选取样本。例如,调查人员进行市场调查,在商店里遇到谁就问谁,其选取样本的原则是以便利调查为标准。此法的特点是应用方便,但误差大,使用价值低,缺乏严格的科学性。

第五,判断抽样。判断抽样是指根据调查人员的主观经验从总体样本中选择那些被判断为最能代表总体的单位作样本的抽样方法。当调查人员对自己的研究领域十分熟悉,对调查总体比较了解时采用这种抽样方法,可获得代表性较高的样本。这种抽样方法多应用于总体小而内部差异大的情况,以及在总体边界无法确定或因研究者的时间与人力、物力有限时采用。例如,要对江苏省旅游市场状况进行调查,有关部门选择南京、连云港、苏州等旅游风景区作为样本调查,这就是判断抽样。

第六,配额抽样。配额抽样是指调查人员将调查总体样本按一定标志分类或分层,确定各类(层)单位的样本数额,在配额内任意抽选样本的抽样方式。配额抽样和分层随机抽样既有相似之处,也有很大区别。配额抽样和分层随机抽样有相似的地方,都是事先对总体中所有单位按其属性、特征分类,这些属性、特征称为"控制特性"。例如,在市场调查中消费者的性别、年龄、收入、职业、文化程度等。然后,按各个控制特性,分配样本数额。但它与分层抽样又有区别，分层抽样是按随机原则在层内抽选样本，配额抽样则是由调查人员在配额内主观判断选定样本。

2. 相关因素预测方法

相关因素预测方法是通过调查和分析，找出影响劳动力市场供给的各种因素，探索各种因素对劳动力市场发展变化的作用方向和影响程度，预测未来劳动力市场的发展规律和趋势。

由于影响因素很多，通常要对主要因素进行分析。这些主要因素有组织因素和劳动生产率等。

（1）组织因素。正如前文指出的那样，企业战略和人力资源规划为人力资源预测奠定了基础。在供给预测中，这一点十分明显。相关因素预测方法关键的第一步就是分析劳动力数量对供给的影响。例如，对大学来说，适当的组织因素可能是学生的录取数；对医院来说，可能是病人（日）数；对零售鞋店来说，可能是销售额；对钢铁公司来说，则可能是钢产量。

组织因素要想有意义，至少必须满足两个条件。第一，组织因素应该与组织的基本特性直接相关，以便人们根据这一因素来制订组织计划。如果所有的组织计划都是按销售额（以美元为单位）来制订的，而频繁的人事变动又使得产值与产品数量的换算比较困难，那么，零售鞋店根据销售数量所做的人力资源需求预测就几乎是毫无意义的。第二，所选因素的变化必须与所需员工数量的变化成比例。

在某些行业，特别是在劳动力数量与产量不成比例的行业，选择合适的组织因素可能有困难。例如，在航空运输业中，机场满负荷运转时所需的导航人员和地勤人员与没有飞机起降时相等。此外，某些公司可能生产多种产品，一些产品需要投入较多的劳动力，另一些则只需要较少的劳动力。在上述情况下，对整个组织进行整体人力资源预测就可能导致错误的判断。因此，必须分别对不同的产品或不同的人力资源（例如，研究人员、生产人员、维修人员等）进行预测。组织因素一经选定，预测者的任务就是找出劳动力数量与组织因素之间的数量关系。

（2）劳动生产率。要准确地预测人员供给，就必须知道劳动生产率的变化和组织因素的变化。这些变化之所以重要，是因为对某一年劳动力供给的预测必须要能反映预计的该年劳动生产率以及对商品或服务的需求情况。同时，需要确定劳动生产率的变化趋势以及对趋势的调整。例如，要确定过去 5 年（10 年更好）间平均每年劳动生产率的变化率，必须收集该期间的产量和劳动力数量的数据。有了这些数据，就可以计算出平均每年的生产率变化和组织因素的变化，并以此来预测下一年的变化。当然，下一年的变化与平均变化不同，在分析过去的数据和过去的生产率变化不同于平均年生产率变化的原因时必须特别仔细。

相关因素预测方法是一种经验预测方法，为了提高其预测精确度，有时需要在此基础上再进行定量预测，如线性回归预测等。

第三节　人力资源的供需平衡

一、人力资源供需平衡的分析

人力资源供需平衡分析是建立在人力资源供需预测的基础上的，是企业人力资源规划工作的核心和最终目的所在。人力资源供需平衡实际上就是外部人力资源市场与企业内部人力资源市场的一种动态平衡，主要包括三个方面：

第一，专项人力资源计划之间的平衡。一般情况下，为了满足发展的需要，企业会制订一些专项人力资源计划，包括人员补充计划、培训计划、使用计划、晋升计划、薪资计划等。这些计划之间相互联系并相互影响，因此在人力资源规划的过程中就应该充分注意这些计划之间的协调与平衡。通常，在经过一定程度的培训强化以后，接受培训的员工都会接受一些岗位上的调整变动，他们所承担的责任和即将发挥的作用也会发生很大的变化。在这一过程中，员工的培训计划与企业的人员使用计划是相互联系的，甚至还要考虑到薪资计划。通过这些专项计划的相互作用，企业最终完成人力资源的供需平衡。

第二，企业需要与员工个人需要的平衡。企业进行专项人力资源规划的另一个重要目的就是，解决企业的需要与内部员工的需要之间的矛盾，只有这两种矛盾在某一层面上达到供需平衡，才能维持企业内部组织结构的稳定。

第三，人力需求与人力供给的平衡。在整个企业的发展过程中，从总量上看，企业的人力资源供求失衡是一种常态，真正意义上的供求完全平衡是没有的。平衡是一种状态，平衡不是相等，而是供给和需求在结构和数量上处于一种均势。从结构上看，企业所需的人员结构与供给结构总会有这样或那样的偏差，常常是企业急需的人员招聘不到，供给不足，而不太需要或根本不需要的人员供给过剩。综合结构和总量两种因素，企业经常处于人力资源供求失衡状态。企业处于人力资源的供需失衡状态，可以分为结构性失衡、供不应求和供过于求等几种情况。

实现人力资源供需平衡是人力资源规划的目的之一，无论人力资源需求预测还是人力资源供给预测都是为了实现未来一段时期的人力资源供需平衡。人力资源的供给趋于平衡的过程，是人力资源有效配置和流动的过程，也是检验人力资源规划具体实施的过程。只有尽力实现人力资源的供需平衡，企业才能提高人力资源使用效率，开源节流，降低人力资源成本。

实现企业的人力资源供需平衡就是要通过增员、减员、人员结构调整、人员培训等各种办法和途径，使人力资源供需失衡转为供需平衡的状态。

人力资源的供不应求、供过于求和结构失衡是人力资源规划中需要解决的人力资源失衡问题。根据这些人力资源供求不平衡的具体原因和特点，可采用不同的调整方法。

二、人力资源供不应求的调整方法

当企业的人力资源供不应求时，企业通常采用下列措施以保证企业的人力资源供求平衡：

（一）外部招聘

外部招聘是最常用的调整人力缺乏的方法。当人力资源总量缺乏时，尤其是生产工人或技术工人供不应求时，采用此种方法比较有效。当企业的产品季节性比较强或企业临时进行专项调查时，采取招聘临时工的方式比较合适。聘用临时工是企业从外部招聘员工的一种特殊形式。聘用临时工可以减少企业的福利开支，而且临时工形式比较灵活，企业在不需要员工的时候，可以适时与其解除劳动关系。

（二）内部招聘

内部招聘是指当企业出现职务空缺时，优先由企业内部员工调整到该职务的方法。它的优点首先是丰富了员工的工作，提高了员工的兴趣和积极性，为员工顺利寻求职业生涯发展铺平了道路；其次，它还节省了外部招聘的成本。利用内部招聘的方式，可以有效地实施内部调整计划。在人力资源部发布招聘需求时，可先在企业内部发布，欢迎企业内部员工积极应聘，任职资格要求和选择程序与外部招聘相同。当内部招聘无人能胜任时，再进行外部招聘。

（三）延长工作时间

延长工作时间也称为加班制。延长工作时间可以节约福利开支，减少招聘成本，而且可以保证工作质量。但长期采用延长工作时间的方法会降低员工的工作质量，而且员工的工作时间也受到政策法规的限制。

(四) 内部晋升

当较高层次的职务出现空缺时,有内部晋升和外部招聘两种手段,但企业一般优先考虑提拔企业内部的员工。在许多企业里,内部晋升是员工职业生涯规划的重要内容。对员工的提升是对员工工作的肯定,也是对员工的激励。由于内部员工更加了解企业的情况,会比外部招聘人员更快地适应工作环境,提高工作效率,同时节省了外部招聘成本。但是,当企业缺乏生气或面临技术或市场的重大变革时,可以适当地考虑外部招聘。

(五) 继任计划

继任计划在国外比较流行,具体做法与内部晋升很相似,就是人力资源管理部门对企业的每位管理人员进行详细的调查,并与决策组确定哪些人有权利升迁到更高层次的位置。然后,制订相应的职业计划储备组织评价图,列出岗位可以替换的人选。当然,上述的所有内容均属于企业的机密。

(六) 技能培训

对公司现有员工进行必要的技能培训,使之不仅能适应当前的工作,还能适应其他甚至更高层次的工作。这样,就为内部晋升政策的有效实施提供了保障。如果企业即将出现经营转型,企业应该及时向员工培训新的工作知识和工作技能,以保证企业在转型后,原有的员工能够符合职务任职资格的要求。这样做的最大好处是防止企业中出现冗员现象。

(七) 调宽工作范围

当企业某类员工紧缺,在人力市场上又难以招聘到合适的员工时,可以通过修改职位说明书,调宽员工的工作范围或责任范围,从而达到增加工作量的目的。需要注意的是,调宽工作范围必须与提高工作待遇相对应,不然会造成员工的不满情绪,影响企业的生产活动。调整工作范围可以与企业提高技术含量搭配使用。

(八) 提高技术水平

当市场工资上升时,企业可以考虑提高技术含量,以降低企业对人力资源的需求。采取各种激励措施,鼓励员工对自身工作岗位进行各种技术改革,提高岗位的技术含量,以解决人力资源的供不应求问题。当然,提高技术改革水平还需要与员工技术培训相结合。

(九) 返聘

在企业急缺人员，或企业需要某些退休员工来支持时，可以考虑对退休或即将退休的员工进行返聘。

(十) 外部招聘全日制员工

当企业生产工人或技术人员供不应求时，从外部招聘可以较快地得到熟练的员工，及时满足企业生产的需要。在调整关键岗位员工的时候，如果企业有内部调整、人员晋升等计划，则应该优先考虑启动这些计划，其次再考虑外部招聘。

三、人力资源供过于求的调整方法

在人员过剩的条件下，解决问题的办法有三种：重新安置、永久性裁员和降低人工成本。

(一) 重新安置

重新安置用来解决企业内部局部出现的剩余人员问题。当某些岗位出现人员剩余，而另一些岗位却存在人员短缺现象时，就可以把剩余人员安置到需要人员的岗位上去。不过，重新安置的一个前提是剩余人员必须具有新工作岗位所需的技能和知识。因此，重新安置需要提早计划，培训在先。

(二) 永久性裁员

永久性裁员是解决人员过剩的另一种办法。但需要注意的是，采取这种方法是十分谨慎的，因为它不仅涉及员工本人及其家庭的利益，而且也会对整个社会产生影响。只有在企业经营出现严重亏损，生产难以为继，或生产不可能恢复的情况下，才能采取这种办法。在裁员之前，企业应告知员工目前企业的经营状况，困难所在，并尽力为剩余人员寻找新的工作岗位。在企业内部确实无法安置的情况下，方可进行裁员。

(三) 降低人工成本

降低人工成本包括暂时解雇、减少工作时间（如增加无薪假期）、工作分担和降低工资等。这些办法的优点在于：当预测到企业出现人员过剩时，不是简单地将其裁掉，而是留有缓冲余地，让企业和员工共同分担困难。如果员工个人不愿维持工作不充分、低工资的现状，可以另谋高就，这就避免了将其立即推向社会，从而保障了员工的利益。

实际上，在制订人力资源平衡措施的过程中，不可能是单一的供不应求或供过于求，人力资源往往出现结构性失衡。可能是高层次人员供不应求，而低层次人员供过于求。企业应该根据具体情况，对供不应求和供过于求的员工采用相应的调整方法。制订出合理的人力资源规划，使各部门人力资源在数量和结构等方面达到协调平衡。这里有一点需要注意的是，如果企业不是缺乏生气，应以内部调整为主，把某类富余职工调整到需要人员的岗位上。如果企业组织比较僵化，应招聘一些外部员工，给企业带来一些新的生产技术和新的管理措施等，这时应以外部调整为主。

人力资源供求平衡就是企业通过增员、减员和人员结构调整等措施，使企业人力资源供求达到基本相等的状态。"人力资源供求平衡是企业人力资源规划的目的，人力资源需求预测和人力资源供给预测都是围绕着人力资源供求平衡展开的。"[1]

---

[1] 霍生平，张燕君，郑赤建等. 人力资源战略与规划 [M]. 湘潭：湘潭大学出版社，2016：91

第六章　现代人力资源规划体系的制订

第一节　人力资源规划编制

一、编制人力资源规划的目的

人力资源管理的各种职能，如招聘、任用、培训发展、绩效评估、薪酬计划和劳资关系等，基本上是相互联系、具有一定连贯性的，并不是各自独立和分散的。因此，在高度竞争的市场经济环境中，企业必须通过适当的人力资源规划，使企业全部人力资源得到合理的整合，只有这样，才能充分发挥组织的综合竞争力。

从广义上来说，人力资源规划编制的目的是配合企业组织的整体经营战略，评估组织人力资源外在环境中的机会与威胁，以及分析组织内部人力资源的优劣，并拟订战略，以确保组织人力资源得以有效运用。

从狭义上来说，人力资源规划编制的目的在于：①减少用人成本。人力资源规划可以通过对组织中现有人力资源状况进行分析，找出影响人力资源效用的"瓶颈"，使人力资源效能得以充分发挥，减少不必要的浪费。②合理配置人力资源。人力资源规划可以改善组织内人力资源配置的不平衡和不合理状况，使各部门在经营过程中做到人尽其才。③适应组织的未来发展需要。人力资源规划针对组织未来的发展，拟订人力资源招聘与培训计划，培养组织所需的各种类型的人才，使组织的发展与人力资源的成长相互协调，实现员工个人与组织的最佳配合。④满足员工需求。人力资源规划能让员工充分了解企业对人力资源需求的计划，以根据组织未来发展中可能空缺的职位，制订个人努力的目标，并按照所需条件不断充实和发展自己。人力资源规划一方面适应了组织目前和未来的人力需求，另一方面也使员工获得了个人成长的满足感。

二、编制人力资源规划涉及的内容

关于人力资源规划的内容,国外许多专家学者提出了自己的建议,如沙因教授认为,在整个人力资源规划过程中,员工个人需求和员工个人的发展均是决定有效人力资源规划的要素。维特勒认为,人力资源规划是对当前人力资源状况的分析及配合组织需求进行的未来人力资源需求预测过程。伯格则将人力资源规划分为短期规划与长期规划,短期规划是根据组织目前的状况测定其对人力资源的需求,进而制订计划以配合组织目标的实现;长期规划则是以未来组织需求为起点,参考短期规划的需求,测定未来的人力资源需求。

国内学者也提出了一些人力资源规划编制的主要内容,其所强调的重点各有不同。但也存在一些问题,如:①仅考虑人力资源供需问题而忽视了其他因素,例如人力资源成本问题等;②把长期人力资源规划与短期人力资源规划混为一谈,对实际应用不利;③长期与短期人力资源规划脱节,人力资源规划与组织经营战略脱节,缺乏战略性整合。

鉴于此,综合目前国内外理论界的研究成果与企业的实践经验成果,可以将人力资源规划编制的内容分为四个层次进行:长期战略性人力资源规划;短期经营性人力资源规划;人力资源规划的实施;人力资源规划实施的评价与控制。

三、编制人力资源规划的程序

人力资源规划是通过结合组织当前和未来的战略发展导向对企业内外部人力资源需求和供给状况进行分析和预测,并以此作为企业人力资源战略基础的一种人力资源管理职能。通常,企业人力资源规划编制可按照环境评估、设定目标与战略、拟订方案、实施与控制四个步骤进行。

(一) 环境评估

人力资源规划作为企业规划的一个重要环节,必然受到企业所处经营环境的影响。而企业经营环境一般可从内外两个方面分析。对于内部环境,应评估企业员工数量、员工素质、培训制度体系等。一般情况下,企业可以借助人力资源档案中对每个员工的基本资料、工作经验、受教育程度以及其他特殊信息的记录来分析评估;而对于外部环境,主要分析包括人口政策、教育政策、经济发展、科技发展等对未来劳动力市场构成影响的若干因素。

(二) 设定目标与战略

人力资源的目标与战略的设计应以企业的目标与战略为蓝本,并配合企业未来整体目标的实现。目标可以分为近期、中期和远期目标，目标之间相互连贯配合。某些企业的目标实质上也就是人力资源规划的目标，例如降低员工流动率可能包括在企业整体目标之中，同时也是人力资源规划的目标之一。组织的目标一旦设定，就要提出实现此目标体系的一系列可行性战略。

（三）拟订方案

一套完整的人力资源规划方案一般应包括下列几项内容：

第一，工作分析，即对组织中各项工作的内容、责任、性质以及从事此项工作的员工所应具备的基本条件（包括知识、能力、责任感）加以研究、分析的过程，是实现科学化人力资源管理的基础，并为组织进行人力资源的使用及配置、职务的升降、绩效考核、培训、合理的薪酬体系提供依据。

第二，工作评价，是工作分析的延伸，是为了解各项工作的责任程度和考虑执行者可能遇到的困难。

第三，职业生涯分析。依据员工自行拟订的职业生涯规划，鼓励其对工作积极参与，提高其成就感。

第四，招聘规划。因事设人，而非因人设事，达到人—事的最佳匹配。

第五，培训规划。适应实现组织与员工个人发展目标的需要，依据5W1H（who, whom, when, where, what, how）分别拟订计划，并安排培训课程、编制预算。

第六，绩效考核规划。根据员工表现，给予公平合理的评估，作为薪酬调整、晋升及其他奖惩的依据。

第七，人力资源流动规划。根据绩效考核的结果，对员工进行公平合理的调整。

第八，人力资源报酬规划。给予员工合理公正的报酬、优厚的福利待遇及舒适安全的劳动条件，使其安于工作，提高劳动生产率。

第九，其他。诸如申诉制度、劳资关系、离职管理等。

（四）实施与控制

一旦人力资源规划方案及行动方案通过可行性评估并得以确立，就应在组织中推行，并对其成效加以评估和控制，将结果反馈到人力资源管理部门以便得到进一步修正和完善。人力资源规划的实施过程中，应当做到有明确的人员对规划的实施过程进行跟踪和反馈，而且可以按照实际状况作出必要的调整和修改。

第二节　人力资源招聘与培训规划

一、人力资源招聘规划

人力资源是组织中最重要的资源。在人力资源需求确定后，就应根据组织需要积极网罗人才，选择合适途径和方法进行人力资源招聘。不可否认的是，如何任用适当的人员从事适当的工作，也是人力资源管理中重要的一环。

（一）招募规划

要想得到具备与组织相匹配的工作能力和工作动机的人力资源，组织必须依靠良好的招募程序和作业。一般而言，其主要步骤包括拟订招募计划、准备招募资料和确定招募途径。

1. 制定招募计划

招募计划随人力资源需求的不同而不同，但其基本要求都是要达到人与事的匹配，即因事设人，而不是因人设事。具体而言，招募计划的内容大致有如下几项：

（1）预测未来人力资源需求。即针对未来业务的发展需要及组织所处环境的变化，预测未来所需的不同类型的人力资源。

（2）将预测结果与组织现状相比较。包括组织中现有人力资源的数量、素质、类别及年龄等因素，以了解为完成各项业务所需的人力资源。

（3）决定需要招募的人力资源类别及数量。将上述人力资源需求与供给结合起来，以决定需要招募的人力资源类别与人数。

（4）拟订招募战略。若招募职位较高，可适当放宽招募的地区范围；若招募基层员工，则一般在公司附近的地区招募，以提高公司员工工作的稳定性。

2. 准备招募资料

招募计划拟订后，企业需要配合招募的目的来准备招募过程中所需的资料，一般包括拟订招募工作的工作说明书、从事本项工作所需的资格条件以及本组织的概况。

（1）工作说明书。包括拟招募工作的职责、性质、内容等。

（2）资格条件。包括个人基本背景资料、性格与兴趣、能力、健康状况（生理与心理）等。

（3）组织概况。就本组织的员工人数、主要使命、近年来事业发展状况及今后的发展方向等进行简要说明，其目的在于使应征者感到该组织是有前途的，参与该组织的工作也是有前途的。

3. 确定招募途径

人员招聘是组织根据自身发展的需要，依照市场规则和本组织人力资源规划的要求，通过各种可行的手段及媒介，向目标公众发布招聘信息，并按照一定的标准来招募、聘用组织所需人力资源的全过程。人员招募途径的选择是招聘工作中非常重要的环节，招聘的途径将影响到所招收员工的素质与企业的经营效益。一般的招募途径有如下几种：

（1）广告。在报纸、杂志、电视及广播等媒体上刊登、播放求才广告，是最普遍也最常用的方法。在报纸上刊登求才广告首先必须注意刊登位置要明显，讲究整体设计；其次是广告要有吸引力，以激发读者阅读的兴趣；最后，广告内容要简单明了。如果是广播或电视广告，还要注意针对目标人群选择合适的播出时段。

（2）校园招募。学校是各类人才最丰富的来源。现在有很多企业在意向中的目标大学设立奖学金，对在校表现优良的人才进行奖励，毕业后优先选择，权衡其利弊，实为一项招募校园人才的良策。

（3）现职员工介绍。由现职员工介绍推荐的招募方法是企业组织常用的一种方式，其取才相对容易，应征者对组织较为了解并易于产生认同感。但是另一方面又容易受到人情的干扰，进入组织后可能形成小团体，不好管理。

（4）使用亲属。这种做法在中小企业组织中比较流行，员工易对企业组织认同并忠诚，但也有因为亲属关系而不好管理的潜在问题。

（5）毛遂自荐。学有专长且具有特殊技能的人才大多偏向于采用这种方法求职。当收到这类资料时，应根据需求进行面谈或测试，若实在无法录用，也要将其资料建立完整的人才档案专门管理。

（6）第三方中介。委托第三方中介求才，可以找到专业技术人才，且招募成本相对较低。特别是近年来专业的猎头公司相继出现，为组织猎取人才。对于高职位和特殊人才，可以借助这种方法获取，外资企业大多依赖这种方法加速实现其人力资源的本土化战略。

（7）网络招聘。网络招聘通常由招聘方的人力资源部通过互联网或内部网发布招聘资讯，并采取 E-mail 或简历库等多种形式收集相关应聘信息，经特定程序将其筛选处理后，初步确定所需人选。这种招聘方式扩大了招聘范围，增强了招聘信息的时效性。鉴于其全日制开放的特性，供需双方可以随时通过传输材料进行实时洽谈与交流，缩短了时间，提高了招聘效率，节约了资源，节省了招聘费用。

（8）外部人才库。公司可以建立外部人才库，利用各种机会向社会推广，吸引对公司感兴趣的各类人才加入公司人才库，以备不时之需。其最大的问题在于，由于人员的流动性太大，人才库的资料不能及时更新。企业人力资源部需要格外关注与人才库的人员保持联络，及时更新资料。

（二）甄选规划

人员甄选主要是借助一定的工具和手段对招募到的求职者进行鉴别和考察，区分他们的人格特点与知识技能水平，预测其未来的工作绩效，从而挑选出组织所需要的人员填补恰当空缺职位。因此，主持甄选的工作人员必须对组织的具体状况与应征者的个人资料做充分的比较和分析，再作出选用的决定。因涉及"人"与"事"的各种复杂因素，组织必须分别从组织、个人与社会角度加以动态分析考虑。

1. 甄选程序

甄选的程序因组织规模、管理理念、工作类别及管理者风格的不同而有所差异。组织常用的甄选程序包括：

（1）确定甄选日期。产业特性、劳动力市场特性和经济环境等因素对人力资源供给均会产生较大的影响，如每年的四五月份，各高校都有大批毕业生找工作，这就是组织进行甄选活动的最好时机。

（2）报名。应征者在报名时一般需要填写申请表，包括姓名、住址、年龄、婚姻状况、家庭状况、受教育程度、经历、健康状况、社会关系以及个人偏好等。报名的形式有直接报名和间接报名两种。

（3）资料审查。即初步的审查，目的是过滤掉明显不符合要求的应征者，以节约招募成本。

（4）考试。考试是一种较客观的甄选方式。有些组织除了测试知识能力外，还进行智力与心理测试。

（5）面谈。经过考试淘汰大多数不合格者之后，就可以进行招募面谈了，其目的在于弥补客观考试的不足，获得一些在笔试中无法得到的信息。

（6）体检。体检因工作性质而异，可以是全身检查，也可以只是简单检查。

（7）领导决定。因为部门领导必须对其经营绩效负责，所以应赋予其决定人选的权力。

2. 甄选方法

甄选的目的在于进一步获得应征者的详细资料并加以评估，以便组织能够招募到最合适的人才。人员甄选工作将会直接决定组织雇用人员的状况，并会为组织带来重大的经济与战略后果，因而是招聘过程中最重要的决策阶段。与此同时，甄选工作是技术性最强的一个环节，需要采用多种测评方法，帮助组织公平客观地作出正确的决策。现代组织甄选人才，常用的方法大致有如下几种：

（1）笔试。笔试是通过对应征者进行文字问答而推断其能力的方式，其特点是容易管理、客观具体、公正高效。

（2）口试。口试是由主试者提出问题，而应试者以语言方式来回答的一种测试形式，有封闭式与开放式两种。其特点在于可测验应试者的反应能力和语言组织表达能力，一般可作为笔试的补充。

（3）现场操作测试。以实际操作来测试受试者是否具有该职位所需的技术与能力。

（4）心理测验。通过标准化的测量工具，客观了解被测试者的心理状态，并衡量其个人的行为表现。心理测验具有预测与诊断两大作用，可以增加甄选的正确性。

（5）评价中心。主要用于甄选管理人员，其方式有公文筐测试、集体讨论、个人测试、面谈评价和业务游戏等。由于所有评价者共同参与评价工作，所以评价的信度与效度均较高。

（6）面试。面试是用人单位最常用的，也是必不可少的甄选手段。在面试过程中，面试官与应聘者直接交谈，根据应聘者对所提问题的回答情况，考查其相关知识的掌握程度，以及判断、分析问题的能力；通过面试过程中的行为表现以及现场的应变能力，判断应聘者是否符合应聘岗位的标准和要求。

3. 配置规划

任何企业的发展都离不开优秀的人力资源和人力资源的有效配置。人力资源的配置规划一般包括以下内容：

（1）职前训练。新员工刚进入组织的时候，往往会因环境陌生而有心理紧张的感觉，以致无法正常发挥其原有的工作能力。因此，职前训练内容虽然依工作内容、训练对象的学历程度及要求而有所不同，但其训练的目的均为使新员工适应公司环境。

（2）试用。试用的目的一方面在于使主管了解新员工的工作能力、潜力、工作态度及性格特征，另一方面新员工也可以进一步了解工作的内容和组织的要求，建立良好的人际关系。《中华人民共和国劳动合同法》对试用期进行了明确规定：同一用人单位与同一劳动者只能约定一次试用期。对试用期长短限定为：劳动合同期限三个月以上不满一年的，试用期不得超过一个月；劳动合同期限一年以上不满三年的，试用期不得超过两个月；三年以上固定期限和无固定期限的劳动合同，试用期不得超过六个月；以完成一定工作任务为期限的劳动合同或者劳动合同期限不满三个月的，不得约定试用期。

（3）考核。新员工试用期满之后，由主管对其进行试用期考核，以确定其绩效表现是否符合组织要求。如不合格则延长试用期，若在延长期内考核仍不合格，则解雇。

（4）正式任用。如试用期考核合格，组织则批准对新员工予以正式任用。

招聘与配置在人力资源管理各个职能模块中犹如一道门槛，它把控着进出企业的人员质量，一个优秀的合适的人员将使企业在后续的培训与开发、职业生涯规划、劳动关系管理等方面起到事半功倍的作用，因此，我们必须做好人力资源招聘任用规划。[①]

二、人力资源培训规划

企业的人力资源培训规划主要指对企业组织内部员工进行培训的战略规划，该培训规划必须密切结合企业战略，从企业的人力资源规划和开发战略出发，满足组织及员工两方面的要求，考虑企业资源条件与员工素质基础，考虑人才培养的超前性及培训效果的不确定性，确定职工培训的目标，选择培训内容及培训方式。为了完成有效的人员培训，合理健全的培训体系是必不可少的。

（一）分析培训需求

培训需求分析是培训工作的首要问题，主要是了解组织的培训出于何种目的及需求要素如何等。一般是从组织、工作及人员三个方面进行分析：①组织分析。主要是了解组织的目标和相应的人力资源状况，以及组织架构和相应的人力资源有效配置状况。②工作分析。包括分析员工为什么要做这项工作、做什么、如何做以及做这项工作所需的技能等内容，最终形成书面记录，即工作描述和工作规范。③人员分析。主要包括组织现有人力资源的评估及未来人力资源供需的预测。

（二）制定培训计划

培训计划是人力资源管理部门在对培训需求进行评估之后制订的一整套设计，包括培训内容、培训目标、培训预算和培训场所等组织培训的具体内容。

---

① 霍生平，张燕君，郑赤建等. 人力资源战略与规划 [M]. 湘潭：湘潭大学出版社，2016：205.

（三）实施培训

以能力开发为主的企业员工培训主要分为层级培训和职能培训两类。按照组织中的阶层秩序分为基层和管理层，而管理层又可分为最高经营层、中级管理层和现场监督层，其能力开发目的及培训的重点如表6-1[①]所示，培训重点因所在层级的不同而不同。

表6-1 层级培训的重点

层级		培训的重点	
管理层	最高经营层	战略决策能力	企划能力
	中级管理层	管理决策能力	协调能力
	现场监督层	业务决策能力	分配能力
基层（职员、操作工）		技术能力	执行能力

组织中培训的横向分类主要是以职能为区分要素，而一个组织的经营活动主要是围绕生产、销售、财务及人力资源等系统进行的。担任此类培训的讲师，大都以组织内部专家或优秀中坚管理者为主、外聘专家为辅。

（四）进行培训评估

培训对一个组织来说，也可作为一项投资，而对此投资的收益即培训的效果进行评估就成为一个重要的问题。培训评估可分为绩效评估与责任评估。绩效评估是以培训成果为对象所进行的评估，包括受训者对组织经营成果的贡献，绩效评估是培训评估的重点。责任评估是对负责培训的部门或训练者的责任进行评估，以作为日后改进培训活动的参考。

对于培训绩效进行评估，应根据不同评估基准采用不同的评估方法，比如反应采用问卷法；学习采用测试法；行为采用绩效考核法；成果采用现场成果评定法和经营综合评估法。

对培训者的责任评估，主要是从培训的功能、使命、责任和权力等方面依次分析，所运用的方式有问卷法、追踪调查法、现场验证法和对照法等。

第三节 员工职业生涯规划

所谓员工职业生涯规划管理，是指将个人职业发展需求与组织的人力资源需求相联系

[①] 霍生平，张燕君，郑赤建等. 人力资源战略与规划［M］. 湘潭：湘潭大学出版社，2016：206.

作出的有计划的管理过程。这个过程在与组织的战略方向和业务需要一致的情况下，帮助具体的员工个人规划他们的职业生涯，通过员工和企业的共同努力与合作，使每个员工的生涯目标与企业发展目标一致。

一、员工职业生涯规划的影响因素

一般而言，影响员工职业生涯规划的因素包括个人因素和组织因素两个方面。

（一）个人因素

第一，个性。个性可能影响职业生涯的决定。比如一个外向型的人因为能够很容易地去表达其情感，就可能倾向于选择如营销、艺术、音乐、舞蹈和教育方面的职业生涯规划。

第二，父母的价值观。父母的事业与受教育程度深深地影响着子女受教育的程度和职业生涯规划的种类。当然也有例外，一方面可能是父母对子女寄予不同的期望，另一方面则可能是在生活中碰到其他对其前程选择有重要影响的人，如老师、朋友等。

第三，工作经验。过去的工作经验也提供了在不同领域中职业生涯规划的参考，职业生涯选择和发展不可能是一个独立的事件，必须考虑其与工作经验的关系。

（二）组织因素

第一，社会因素。影响员工职业生涯规划的社会因素主要有社会宏观经济环境、社会价值取向、科学技术的发展和政府政策导向。长期以来，我国经济保持着稳定的增长，社会价值取向趋向于商业化。科学技术在信息技术、生物技术和新能源技术等的引领下极大地改变了年轻人的职业生涯规划。此外，政府政策的导向也是影响员工职业生涯规划的重要社会因素。例如，许多大学生毕业后倾向于到金融行业就业，此种选择与政府积极发展金融业有着密切的关系。可以预见，未来随着政府对新能源行业的大力支持，年轻人的职业生涯规划也必然受到相应的影响。

第二，组织形态。分别置身于日本企业组织和美国企业组织会给你带来两种截然不同的感受。在典型的日本公司里，升迁缓慢，雇佣周期长（一般是终身雇佣），职业生涯非专业化；而在大多数美国公司里，则是鼓励升迁和相对较短的雇佣周期，职业生涯高度专业化。

第三，人力资源的运用。组织对人力资源的运用状况会直接影响组织中员工的职业生涯设计和规划，如美国电话电报公司利用评价中心来确认员工需要改进的地方（包括技术和观念等方面），并尽量提供和个人评价结果相一致的工作。

第四，工作特性。工作特性主要可以影响员工选择工作的动机，如富有挑战性的、自主性的工作就比一般工作可以提供更加丰富的职业生涯规划。

第五，产业发展前景。产业发展状况会影响组织对员工的使用策略。毋庸置疑，置身于成熟产业中所获得的职业升迁机会可能要少于新兴产业。

二、员工职业生涯规划设计

所谓员工职业生涯规划设计，是对员工职业发展的规划与设计过程。它既涉及员工层面的职业生涯规划设计，也包括组织层面的职业生涯规划设计。

（一）员工层面

本层面的规划设计更强调员工个人对职业生涯的组织和规划，整个过程基本上完全是个人的事情，通过评估个人的人格倾向、能力、兴趣，确认职业类别和生涯导向。员工在进行职业生涯规划设计的时候，首先要分析环境所带来的影响；其次要进一步了解自己的性格特征、兴趣和能力，确立自己发展的目标和途径，最后要拟订一套可行的计划并付诸实施，将产生的阶段性结果与计划进行比较，不断修正。具体流程如下：

第一，环境影响分析。社会发展潮流是任何一个人或任何一个组织都无法阻挡的，置身其中的人和组织均会不同程度地受其影响。我们在分析今后一段时间的环境发展趋势时，很可能就会发现关键的就业机会或者潜在的威胁，如我国加入世界贸易组织，就不可避免地对某些产业的发展形成了冲击，而这将会在很大程度上左右行业的发展。与此同时，20世纪90年代各行各业开始大量使用自动化系统，从而给计算机技术人才创造了许多就业机会，形成了这方面大量的人力资源需求。

除了社会大环境，组织内部的小环境也是不可忽视的，即适应组织发展的战略目标，分析现在或将来各种职务的发展机会，然后结合个人特质，决定是继续在组织内发展还是寻找其他更合适的组织。

第二，确定职业导向。美国霍普金斯大学霍兰德教授通过研究指出，个人的行为是其人格与环境交互作用的函数，而选择职业是人格特质的表现。他在研究中把人格类型分为实际型、研究型、社交型、传统型、企业型和艺术型等六种。该理论有助于我们认识自己的人格类型，进行职业选择。然而，大多数的人都不只具有一种倾向，兼具两种或以上类型，所以也不可拘泥于这六种分类，特别是管理者，如能够清楚了解员工的人格类型，因势利导，其管理工作必定驾轻就熟。

第三，确立目标。依照时间的长短，职业生涯规划目标可分为长期、中期和短期三种。因为目标将引导个人成长，所以目标订立一方面应该具有挑战性，另一方面也应与个人的能力相结合。

第四，执行计划。一般而言，达成一项目标的计划可以有多种，员工在选择时应根据自己的想法，必要的时候听取专家的意见，以选择合适的方案并付诸行动。

第五，评估计划。把计划执行的结果与预定的目标相比较，找出其间的差距，再据此进行修正。自我评估可以从自己的专长、能力、动机、需求、态度、价值观以及人际关系等方面，分析了解自己的优势和劣势所在。

（二）组织层面

本层面的规划设计更强调从组织整体角度出发，对组织内的员工所从事的工作和其职业发展过程进行计划、组织、领导和控制的一系列活动，从而实现组织目标与员工个人发展的统一。具体流程如下：

第一，明确组织现阶段人力资源发展规划。人力资源发展规划是组织根据组织的发展战略目标而定的，人力资源规划通过预测组织在未来环境变化中人力资源的供给和需求状况，制订基本的人力资源获取、使用、维持和开发的策略。

第二，构建组织职业发展通道。组织在明确现阶段的人力资源发展规划后，应根据人力资源发展规划的需求，考虑现有人力资源的状况，设计适合本组织的职业发展通道。构建职业发展通道是组织进行职业生涯规划不可或缺的工作。

第三，制订员工职业生涯管理制度和规范。有效、健全、可行的员工职业生涯管理制度和规范的制订，是确保组织职业生涯管理目标顺利达成的必备条件。制度和规范的存在，可以引导员工行为的改变，确保优秀人才脱颖而出，为组织发展目标的实现作出积极贡献。

第四，进行员工基本素质测评。组织进行员工基本素质测评的目的在于掌握组织员工的能力、个性倾向和职业倾向，并为员工职业生涯的目标设立提供参考。组织进行员工素质测评的信息包括员工基本信息和工作状况记录信息两部分。员工基本信息包括员工的年龄、学历、工作经历、兴趣爱好等；工作状况记录信息包括绩效评估结果、晋升记录及参加各种培训情况的记录等。

第五，确定员工的职业规划表。组织根据职业发展通道设计，参考员工素质测评的结果，同员工一起填写组织和员工个人达成一致的职业规划表。

第六，实施员工职业生涯规划。实施员工职业生涯规划就是通过培训、轮岗、绩效考核等人力资源活动，帮助员工逐步实现员工职业生涯规划表中所列的规划目标的过程。

第七，进行职业生涯规划反馈和评估。组织在制订职业生涯规划后，在实施过程中应及时地听取相关员工对职业生涯规划实施的有效反馈，人力资源部根据反馈的信息，对组织职业生涯规划的实施进行有效的评估。

第八，修正和完善职业生涯规划。组织人力资源部针对职业生涯规划评估过程中发现的问题，提出改进和完善的建议和举措，经高层决策者同意后，及时修正职业生涯规划的制度和规范。通过制度和规范的修正、完善，可以及时纠正最终职业目标与分阶段职业目标的偏差。同时，还可以极大地增强员工实现职业目标的信心。

三、员工职业生涯规划的管理

有效的个人职业生涯规划必须与组织的规划相结合，即同时考虑个人和组织两个方面的因素，才能实现满足员工个人成就感与组织发展的双重目标。德斯勒将职业生涯规划定义为：一种专门设计的程序，它使得雇员不仅能够理解自己与职业有关的个人特征，而且能够观察到有助于实现其个人职业目标的一系列终身职业发展阶段。

对于员工个人而言，其职业生涯规划管理是根据自己所拟订的职业生涯规划努力去达成的过程。一个良好的职业生涯规划管理，需要组织与个人密切配合，共同发展，这样至少需要具备如下先决条件：其一，充分的共识。职业生涯规划的实施是一个连续性、全面性且前瞻性的人力资源开发理念，首要条件是员工个人应充分认识其重要性并积极努力，其次是组织上也要予以支持和配合，只有这样才能真正地使规划付诸实施。其二，良好的组织文化。良好的组织文化是指在组织内形成积极进取、和谐信任、充分授权和团结合作的氛围。这种组织文化的建立，管理层责无旁贷，但同时也需要组织内全体员工的支持，这样才能在组织内各个层级积极培养人才，而员工个人也能在组织内积极寻找自我成长与发展的空间。其三，充裕的资源。这种资源对于职业生涯规划的实现具有非常重要的影响，主要可以从组织和个人两个方面来考虑。

总之，在员工职业生涯规划实现的过程中，员工个人应依据自己所拟订的计划，配合组织的未来发展计划来展开行动，而组织也必须配合员工个人的计划并予以充分的支持和有效的管理，如培训、绩效考核和员工调动等，这样才能形成组织与员工的共同发展，实现双赢。

第四节 人力资源流动规划

人力资源流动是人力资源的流出、流入和在组织内流动所发生的人力资源变动,它影响到一个组织人力资源的有效配置。一般而言,组织内的人力资源流动主要包括晋升、调动和降职三种,其运用是否合理得当,将会直接影响组织的整体士气与活力。

一、晋升

晋升的途径主要包括直线晋升制和多路晋升制两种方式。直线晋升制,即循着单一途径由低层到高层。这种单一晋升制度因不能兼顾员工广泛的兴趣而受到很大的限制,只适用于小型企业组织。

另一种就是适用于功能型或混合型组织的多路晋升制,组织中的每一位员工均有较多的弹性晋升机会。员工若是能够确切了解其在组织中的晋升途径,就能很容易地确定其未来的发展方向,从而拟订合理的职业生涯规划。

晋升的标准随着各个组织性质的差异而有所不同,如工作年限、经验、工作表现、学识、能力等因素都可成为晋升依据。为使晋升制度公平、公正,一般晋升的方式有如下两种:

(一) 晋升考试

在职位出现空缺的时候,可以由公司内部表现优异的员工报名参加晋升考试,以决定谁将获得晋升。一般的晋升考试有笔试和面试两种方式,笔试在于测试考试者在专业知识方面是否达到一定水平,面试则主要在于了解和判断考试者的仪态、反应和思考能力。晋升是组织对工作努力的员工的一种肯定和回报,所以晋升考试应将实际工作表现成绩以不低于30%的比例予以考虑,最后得分最高者就可以获得晋升的机会。

(二) 绩效考核

以晋升为目的的绩效考核应成立评审委员会,评审委员会由对组织业务比较了解且立场比较公正的主管和员工代表组成,一般是对被考评者的学历、考绩、品德、工龄、平时所得的奖惩、发展潜力等项目逐项评分。

晋升是一个组织中人力资源流动的最重要的方式。不论采用何种方式,必须使组织中最优秀的人员获得晋升,才能保证组织的正常运转。否则,一旦晋升失误,补救十分困难,晋升的合理性更加重要。

二、调动

(一) 调动的目的

组织将员工在职位层次相当、职责程度相当或薪酬水平相当的职位上予以调动的目的一般在于:①适应组织紧急性业务的需要,配合组织目标而将现有人力资源重新配置;②增加员工的见识、经验和对组织的忠诚而进行的轮换;③解决人员间的冲突,消除组织中的紧张情绪;④满足个人需要;⑤防止非法舞弊事件发生而进行的防范性人员调动。

(二) 调动的程序

调动程序一般包括:了解员工状况、考虑是否调动、研究如何调动和实施调动。

1. 了解员工状况

组织可从以下几个方面了解员工的工作状况及专长:

(1) 能否胜任现职工作?

(2) 工作成绩如何?

(3) 对现职工作的兴趣如何?

(4) 任现职已有多久?

(5) 与同事相处是否和谐?

(6) 具有何种特殊才能?

(7) 所具学识是否与现职相符?

2. 考虑是否调动

组织可以就如下几个方面确定员工是否需要调动:

(1) 是否久任现职以及成绩是否优良?

(2) 个人和职位是否相宜?

(3) 与同事能否有效配合?

(4) 对工作是否厌倦?

(5) 学用是否一致?

(6) 组织编制是否允许此项调动?

3. 研究如何调动

研究如何调动，即考虑员工的调动去向，一般可遵循如下原则：

（1）若是为了增加阅历，则以不同职务为原则。

（2）若是为了改变环境，则以调往不同单位具有同样工作任务的职务为原则。

（3）若是为了调剂工作情绪，则以不同岗位工作内容的职务为原则。

（4）若是为了学以致用，则以符合员工专长为原则。

（5）若是为了配合编制需要，则以业务需要为原则。

4. 实施调动

调动行动，一方面可能是基于员工的申请需要，另一方面也有可能是基于用人单位的业务需要或人才培养而办理的。在时间考虑上，可以随时办理个案，也可以定期批量办理。

三、降职

（一）降职的原因

一般而言，降职的发生往往基于下列原因：

第一，组织压缩人员。如组织裁员或合并，必须减少相应人力或一些部门，其高级、中级员工不希望离去而自愿就任低层职务的时候，则需要对其降职。

第二，对员工的惩罚。员工违规犯错或工作绩效不佳，但未达到解雇条件，则可以考虑降职作为惩罚手段。

第三，弥补以前不恰当的任用。在员工晋升或调动任用后，经过一段时间的试用，如发现其能力或资历不能胜任，则可以通过降职予以补救。

第四，适应员工的个人需要。基于员工个人原因如健康状况或兴趣等，员工自愿请求降职，可以运用降职变换其工作。

（二）降职的原则

考虑到降职的负面影响较大，如可能引起被降职员工的不满而使之产生防卫性、破坏性及报复性的行为，对于降职应该慎重考虑。在实施中应该秉持如下原则：

第一，建立完善的试用制度。

第二，调查事实真相。

第三，运用书面规定，以示公正和客观。

第四，事先通知被降职员工，可以考虑先面对面口头沟通，而后书面通知。

第五节 人力资源薪酬福利规划

薪酬是组织的员工依据劳动合同承担义务而获得的来自资方的报偿，是劳动者本身的收入来源，也是其维持生活的经济支柱。福利则是指员工在所获得的薪酬之外享有的利益和服务，其目的在于改善员工生活，提高工作效率。

一、薪酬规划

薪酬规划是企业预计要实施的员工薪酬支付水平、支付结构及薪酬管理重点等内容，是企业薪酬政策的具体化。企业薪酬规划是企业人力资源管理的重要组成部分，更是企业运作和管理的重要内容之一。

（一）薪酬体系

薪酬体系是组织中薪酬规划的重要组成部分，也是薪酬规划中最复杂的部分。通常而言，组织中的薪酬体系主要包括基本薪酬（工龄薪酬、职务薪酬、职能薪酬）、津贴（工作津贴、生活津贴）和奖金（绩效、工作、年终奖金、全勤、合理化建议、考绩奖）三项。

（二）薪酬结构

薪酬体系确定后，组织需要设计薪酬结构，包括设定薪酬等级和各等级间的差距。

1. 薪酬等级设定

通常使用的薪酬等级有两种，即单一薪酬等级和可变薪酬等级。

单一薪酬等级指薪酬体系中基本薪酬的等级，组织中凡是属于同一等级职位的员工都采用同样的薪酬待遇。这种形式的薪酬缺乏激励作用，表现优异的员工可能因无法得到额外的报偿而只愿意保持最低的工作效率。

相对而言，可变薪酬等级则在每一职位等级内以工龄、能力、绩效考核或技术等因素为基础，设定不同的薪级。可变薪酬等级承认，员工虽然做着同样的工作，但是可能获得不同的薪酬报偿，这样可以激励员工改进工作绩效，有利于组织的发展，却容易造成管理和经费控制上的困难。

2. 薪酬差距设定

高等薪酬与低等薪酬之间的差距受产业规模、所属行业类别、职业、地域、职位等级、性别等因素的影响。在设计企业组织中的薪酬差距时，需要考虑薪酬幅度和各职位等级最低薪酬额的差异。

就薪酬幅度而言，通常对于组织中较复杂、危险或责任较重的工作设定较大的薪酬幅度，一般最高与最低薪酬之间的差距以不超过50%为宜。以美国企业调查结果为例，同一职位等级内最高与最低薪酬之间的差距通常是20%~35%，在低层管理人员中，最高与最低薪酬之间的差距为30%~40%，高层管理人员的薪酬差距幅度则达到50%~60%。需要考虑的影响薪酬幅度的另一因素是，选择固定薪酬幅度与变动薪酬幅度的问题。例如，固定薪酬幅度为300元，即任一职位等级与下一等级薪酬的差距均是300元，但是在低职位等级中300元可能代表20%的幅度，而在高职位等级中300元则可能代表不足10%的幅度，于是在加薪的时候低职位等级的比例就显得较大，形成一种不公平的表象。事实上，因为低职位比高职位要多得多，其晋升机会也就相对较多，所以幅度不宜太大，而越到上层职位，晋升机会也就越少，就应该考虑采用较大的幅度，以免出现人力资源冻结现象。

最低薪酬额的差异问题在于相邻两个职位等级间薪酬幅度是否涵盖，或上一个职位等级的底薪是否恰恰等于下一个职位等级的最高薪。

各职位等级间没有涵盖的差距设定，其缺点较多，若幅度适中或过大，会因薪酬累进而导致成本太高，若幅度过小，又无法与考绩加薪相配合。

各职位等级间有涵盖的差距设定是一种常用的薪酬幅度设计方式，其优点在于一方面能够显示工作熟练程度的差异，即次一等的熟练员工可以比上一等的新进员工得到较高的待遇，另一方面便于暂时性的职位调动。

(三) 战略性薪酬

战略性薪酬将企业薪酬体系的构建与企业发展战略有机结合起来，使企业薪酬体系成为实现企业发展战略的重要杠杆。战略性薪酬强调薪酬体系为企业发展提供带有前瞻性的战略支撑。它在关注为企业所有员工提供一般意义上的薪酬激励的同时，为企业战略瓶颈部门和核心人力资源设计出有重点、有区别的薪酬体系与政策，以便为企业整体发展提供战略支撑。

1. 战略性薪酬管理的兴起

战略性薪酬管理的兴起是人力资源管理的薪酬管理模块针对战略性人力资源管理的发

展而作出的积极调整。在过去的几十年间，随着迈克尔·波特《竞争战略》的出版和麦肯锡、波士顿等以战略管理咨询作为主导业务的推动，战略管理的重要性日益为企业的管理者所认识并由此衍生出多种战略性管理模式。正是战略管理在企业管理中重要性的凸显，也使得管理者开始思考类似人力资源管理等传统的支撑型职能在企业的整体战略框架中所扮演的角色。组织将自身的职能整合进企业的整体战略中，以真正实现人力资源管理从"成本中心"向"利润中心"的转变。

战略性薪酬管理是指在作薪酬决策时要对环节中的机会以及威胁作出适当的回应，并且要配合或支持组织全盘的、长期的发展方向以及目标。但是，并非企业中所有涉及薪酬的职能模块都是战略性的，战略性薪酬管理应该界定为对组织绩效具有关键性的薪酬决策模式。

（1）我们应该进入什么样的经营领域？对这一问题的回答是对组织整体战略定位、选择和实施的回答。战略性薪酬应当首先明确组织的整体战略是什么，唯有如此才能从薪酬管理的角度对企业战略进行解构。

（2）在这些经营领域内我们如何获得成功（获取竞争优势）？这是从组织的具体业务部门的角度对组织整体战略的细化。战略性薪酬不仅需要解构企业的总体战略，而且应当确保企业的薪酬政策与不同业务部门的战略相匹配。

（3）人力资源如何帮助我们获得成功？根据企业的整体战略和不同业务部门的细分战略，相应地应当制订人力资源管理战略。组织的人力资源管理战略是薪酬政策的基础。

（4）总体薪酬如何帮助我们获得成功？战略性薪酬政策的制订必然是在一定社会环境、竞争环境和法律环境下完成的，以薪酬作为工具支撑起企业战略的各个模块及其具体细分战略。

2. 战略性薪酬的结构

战略性薪酬管理是现代人力资源开发管理体系的重要组成部分，必须与其他人力资源工作紧密联系，形成一个有机体。战略性薪酬管理包括薪酬策略、薪酬体系、薪酬结构、薪酬水平、薪酬关系及其相应的薪酬管理制度和相应的动态管理机制。

（1）基于企业战略的战略性薪酬。在现代企业中，人力资源管理的基础性地位日益凸显，特别是在类似金融、咨询和会计等高度专业化的服务业中，人力资源可以说是企业重要的核心竞争力，也是企业最重要的资本。人力资源管理的基础性地位不言而喻，薪酬管理则是人力资源管理各个职能模块相互平衡的支撑点。这主要是因为，薪酬是维系其从工作分析与设计、人力资源规划、招聘与甄选等员工入职前的人力资源管理职能，到培训与发展、绩效管理、职业生涯管理、劳资关系管理等员工入职后的人力资源管理职能的连接点。战略性薪酬不仅是对企业战略以薪酬作为工具进行的解构,而且也是对人力资源管理职能模块的重新整合。战略性薪酬的这种作用可以从战略、制度和技术三个层面概括。

战略层面:每个企业的存在都有其自身的意义及其价值取向。企业的战略选择正是对企业自身的意义及其价值取向作出的界定。但是,企业的整体战略通常是宏观的和模糊的,那么就需要对企业整体战略在各个部门和职能模块之间进行解构。战略性薪酬的作用就在于将企业的整体战略和人力资源战略进行对接,将宏观的企业整体战略具体化为可操作的、能够为人力资源管理职能考核的标准。而要实现战略性薪酬的这一作用,只有从战略上来系统设计薪酬制度。

制度层面:制度是战略和理念落实的载体。企业中的各项制度本质上而言应当是为企业总体战略的实现服务的。战略性薪酬制度也是企业各项制度中的一项,所不同的是这一制度的确立对于实现企业整体战略的影响要远远大于那些补充性的制度。例如,战略性薪酬制度的重要性无疑要比企业日常的规章流程更大,企业日常的规章流程大多是对程序性作业的规范,而战略性薪酬则是对企业战略目标的支撑。

技术层面:包括薪酬管理的各项程序的具体操作和技巧。

(2)基于薪酬模型的战略薪酬决策。有关企业战略和薪酬管理的关系,研究者大多是从两者的内部一致性、适合、匹配和联结的观点出发,认为薪酬策略的选择和企业战略是紧密联系的,随着组织战略的变化,企业的薪酬策略和薪酬管理体系也要作出相应的调整和改变。为了实现企业战略和战略性薪酬的匹配,学者们开发了许多薪酬模型。

归纳起来,主要的薪酬模型有:斯奈尔教授的战略—薪酬模型,梅贾和威尔伯内等人的战略薪酬模型(组织战略—薪酬战略),米尔科维奇等人的整体薪酬战略设计(组织战略—人力资源管理战略—薪酬战略),伯格的战略薪酬整合模型,蒙特马耶有关支撑企业战略的薪酬策略选择研究,以及我国学者文跃然提出的战略薪酬矩阵(企业战略维度—薪酬管理维度)等。这些薪酬模型都是从不同的角度将企业整体战略和战略性薪酬进行匹配和融合所做的尝试。米尔科维奇提出从以下五个方面对企业的薪酬模型与战略薪酬决策进行对接:

第一,确定薪酬目标:薪酬应该怎样支持经营战略?

第二,内部一致性:公司内部工作性质的差别及技能水平的差异如何在薪酬上得以体现?

第三,外部竞争性:我们的总体薪酬战略应定位于什么水平来与竞争对手抗衡?

第四,员工贡献:给员工加薪的根据是什么?是个人和团队的绩效还是员工的工作经验和持续不断的学习?是员工日益完善的工作技能还是生活费用的上涨?是个人需求的增加还是经营单位的绩效？

第五，薪酬管理：薪酬决策应在多大程度上对所有员工公开和透明？应该让哪些人参与薪酬体系的设计和管理？

总之，毫无疑问的一点是战略性薪酬决策应当与企业的整体战略保持匹配或者具有一致的导向。不同的企业战略选择、企业所处的发展阶段、企业的整体财务状况、企业所处的行业等不同的情境要求企业的战略性薪酬制订具有一定的灵活性。因此，更加重要而且现实的问题是如何制订战略性薪酬决策。

3. 战略性薪酬决策的制订

战略性薪酬要与战略匹配进而发挥其对企业发展产生实质性影响的作用，就不能仅仅停留在概念性的框架论述之上，而需要开发出具有实际可操作性的战略性薪酬方案。

第一步：评估总体薪酬的含义。组织要评估总体薪酬的含义，就要清楚经营环境中有哪些因素有助于组织获取成功。当组织规划未来发展时，这些因素中又有哪些可能变得更重要。特别是在今天，组织面临着经营环境的全面全球化、高度动态不确定性、跨文化情境下的国际人力资源管理和我国在新的发展时期的劳资关系管理等问题。

任何企业都是在特定的情境之下经营的，无论是组织战略的制订还是市场的开拓，都需要在特定的情境下作出经营决策。战略性薪酬的制订同样如此，组织应当明确薪酬战略在企业的整体人力资源战略中的地位和作用。对于总体薪酬的定义应当是结合企业整体战略和人力资源战略作出的。如果组织是强调分权而且比较重视弹性化，那么由少数人控制的集权化保密薪酬体系就很难有效运作。要确定战略性薪酬在企业总体战略中所扮演的角色，同样需要了解组织的真正关注点。关注高增长的企业，战略性薪酬的制订可能会与企业的增长目标相联系，而关注企业与员工共同发展的企业，战略性薪酬的制订可能会寻求在企业目标和员工发展两者之间平衡。

总之，组织的经营战略、全球动态竞争、组织文化和价值观，以及全面的全球化、高度动态不确定性的经营环境、跨文化情境下的国际人力资源管理以及劳资关系管理等因素，都是对薪酬管理含义进行评估和构建战略性薪酬所必不可少的。

第二步：绘制总体薪酬战略图。薪酬战略主要由薪酬模型的要素组成：目标和四项政策选择（内部一致性、外部竞争性、员工贡献和薪酬管理）。将这些要素融合起来，绘制对这些选择的决策图是开发薪酬战略的第二步，其目的就是根据组织参与竞争的方式作出正确的薪酬选择。

正如市场营销中通常会使用绘图法来介绍和说明某种产品的特性一样，总体薪酬战略图是对公司薪酬战略的一种描述性说明。绘图法也可以用来阐明公司使用其薪酬体系所传达的信息。但是企业在使用这些要素绘制战略图的时候，需要注意以下几点：

目标的重要性：战略性薪酬决策在人力资源战略中扮演什么样的角色？是联结企业整体战略与人力资源战略的桥梁还是仅仅是人力资源战略体系的补充？

内部一致性：这一战略维度通常被描述成内部结构的等级程度。例如，如何对不同层级的工作支付差异性薪酬？薪酬在支持员工职业生涯发展方面效果如何？

外部竞争性：这一战略维度包括在两个问题上的比较：竞争对手的薪酬水平是多少？采用了什么样的薪酬形式？同时对这一战略维度的描述还包括工作与生活平衡的重要性。

员工贡献：不同企业对于员工贡献的差异性主要体现在其对绩效工资的态度。绩效工资在总体的薪酬框架中所占的比重体现了企业是更加强调平等还是突出员工的个人贡献。

薪酬管理：这一战略维度由所有权、透明度和技术三个部分构成。所有权是指非人力资源管理者在薪酬决策制订过程中所扮演的角色；透明度则是指薪酬的公开性和沟通性；技术则体现在复杂的薪酬管理体系的实际运用过程中。

第三步：实施战略。就是通过设计和执行薪酬体系来实施战略性薪酬决策。薪酬体系将战略转化为具体的实践，特别是在这个过程中转变为可用货币度量的劳动生产率。

第四步：重新评估和调整。这是战略性薪酬环状流程图的最后一步，同时也是调整评估后的战略性薪酬环状流程图的开始。这一步骤反映出为了适应外部经营环境的不断变化，企业的战略性薪酬同样必须针对这些变化的情境作出必要的调整。因此，为了持续不断地了解新战略以及调整和改进现有战略，有必要定期对战略性薪酬决策重新进行评估。但唯一不变的是，战略性薪酬的调整和适应应与组织的整体战略同步进行，也应当始终保持其天然的匹配。

总而言之，今天的企业管理者面临着比其前辈更为复杂多变的经营环境，但同时也面对着更为庞大的全球市场。战略性薪酬正是薪酬管理摆脱单纯从属于企业人力资源管理的职能模块这一角色而成为联结起企业整体战略和其他细分战略桥梁的角色。这一角色的转变是薪酬管理对企业管理实践的变化所作出的响应。战略性薪酬从战略的高度考虑企业的薪酬开发制订、实施以及管理。在知识工作者逐渐成为企业员工队伍的主要构成群体的今天，战略性薪酬在未来的企业管理过程中，特别是在人力资源管理体系中的作用无疑会得到更进一步的凸显。

二、福利规划

福利所包含的内容很广，有广义和狭义之分。广义是指能够改善员工生活、提升生活情趣、促进身心健康的各种措施。而狭义则是指政府规定的员工福利条例及相关规定。福利措施一般可分为经济性福利措施、娱乐性福利措施和设施性福利措施。

（一）经济性福利措施

经济性福利措施主要在于为员工提供基本薪酬和有关奖金外的若干经济安全服务，以减轻员工的负担或增加额外收入，进而提高组织士气和员工生产力。具体包括：

第一，退休金，由公司单独负担或员工与公司共同分担。

第二，保险，包括失业保险、意外保险、人寿保险和疾病保险等。

第三，公司贷款。

第四，抚恤金及子女奖学金等。

（二）娱乐性福利措施

娱乐性福利措施的目的在于通过增加员工的社交活动和体育活动，以促进员工身心健康，增加员工间的合作意识，其最基本的目的在于通过这类活动，加强员工对公司的认同感。内容包括：

第一，组织各种体育活动及提供运动设施。

第二，社交活动，如郊游、聚会等。

第三，特别活动，如烹饪、插花、书法、摄影、演讲等相关社团类活动。

（三）设施性福利措施

设施性福利措施是指为适应员工的日常需要而由组织所提供的服务，具体包括：

第一，保健医疗服务，如医务室、保险等。

第二，住宅服务，如提供宿舍等。

第三，员工餐厅。

第四，提供平价日用品的福利商店。

第五，教育性服务，如图书阅览室、子弟学校及幼儿园等。

第六，交通便利，如通勤车等。

第七，法律及理财咨询服务。

第七章　现代人力资源战略与规划的实施控制

第一节　人力资源战略与规划的实施

一、人力资源战略与规划的实施原则

不论组织在内部采用何种有效的人力资源管理手段，组织竞争力提高到一定程度就必然会受到来自外部环境的制约。为了冲破这种桎梏，组织要策划如何有效利用外部的人力资源在特定的时间、空间和特定任务中直接或间接为实现组织的发展目标服务。在人力资源战略与规划的实施中，要注意系统性原则、适应性原则、目的性原则、发展性原则以及协作性原则。

（一）系统性原则

人力资源战略与规划的实施是一个整体，实施过程的每一环节都相互联系，相互影响。上一阶段的实施活动势必会影响到下一阶段的实施和反馈调整，每一阶段实施是否到位也会影响到整体实施效果，而及时的反馈调整是确保战略和规划顺利实施的有效保障。因此，需要系统的实施才能起到良好效果，部分的实施难以达到预期效果。

（二）适应性原则

人力资源战略与规划的实施只有充分考虑了内外部环境的变化，才能适应环境的需要，真正做到为企业发展目标服务。内部变化主要是指销售状况的变化，产品开发的变化，以及公司员工流动的变化等；外部变化主要是指社会消费市场的变化，政府有关人力资源政策的变化，人才市场的供需矛盾的变化等。为了更好地适应这些变化，在人力资源战略与规划中应该对可能出现的情况作出预测和风险分析，并寻求应对策略。

（三）目的性原则

要明确人力资源战略与规划的根本目的，确保企业人力资源战略与规划的有效实施。企业的人力资源保障问题是人力资源战略与规划实施中应解决的核心问题，包括人员的流入预测、流出预测、人员的内部流动预测、社会人力资源供给状况分析、人员流动的损益分析等。只有有效地保证了对企业的人力资源供给，才可能进行更深层次的人力资源管理与开发。

（四）发展性原则

人力资源战略与规划的最终目的是使企业和员工都得到发展，达到预期目标。人力资源战略与规划的实施不仅是面向企业的战略与规划，也是面向员工的战略与规划。企业的发展和员工的发展是互相依托、互相促进的关系。如果只考虑企业的发展需要，忽视了员工的发展，将阻碍企业发展目标的达成。优质的人力资源战略与规划，一定是能够使企业和员工得到长期利益的战略与规划，一定是能够使企业和员工的长期利益得到共同发展的战略与规划。

（五）协作性原则

有效的人力资源战略与规划是由企业内部相关人员共同完成的，而绝非单靠人力资源部门就能够解决的问题。人力资源部门在进行人力资源战略与规划时，一定要注意充分调动各个部门以及高层管理者参与的积极性。只有这样，人力资源战略与规划才能够符合企业实际需求并落到实处。

二、人力资源战略与规划的实施者

这里的人力资源战略与规划已经不是传统的规划，它是战略与规划的结合，因此它不仅仅是人力资源部门的责任，也是各个管理者的责任。企业的人力资源战略与规划涉及企业方方面面的计划，而这些计划都是在各个部门的负责人制定本部门计划的基础上层层汇总到人力资源部门，再由人力资源部门依据企业战略和人力资源战略分析制定出来的，并不是人力资源部门闭门造车空想出来的。人力资源战略与规划的实施者包括以下几个层次：

（一）企业领导

人力资源战略与规划是企业战略的一部分，在把创新和人作为第一动力的竞争环境下，企业领导必须重视人的效用，应亲自参与人力资源战略与规划的执行、协调和监督，根据实施效果进行评估和调整。

（二）其他部门

任何一项人力资源管理工作都不是由人力资源部门独自完成的，人力资源战略与规划也是如此。人力资源战略与规划工作应该是每个部门经理工作的组成部分，但是由于业务部门经理对人力资源战略与规划等管理工作不了解，在执行中往往出现脱离实际的情况。因此，人力资源部门要给予辅导和帮助，提高人力资源战略与规划实施的效果。其他部门也要主动与人力资源部门沟通，共同实现人力资源规划的目标。

（三）人力资源部门

随着现代企业的发展，人力资源部门不再是单纯的行政管理的职能部门，而是向企业管理的战略合作伙伴关系转变。人力资源部门在行使职能时，除了完成本部门的人力资源规划外，还要积极担任咨询师和辅导师的角色，帮助和指导其他部门的人力资源规划工作顺利进行。

1. 人力资源部门的角色转变和要求

（1）人力资源部门角色转变的背景。

第一，多变的环境迫切要求企业战略与人力资源战略的互动与调整。21世纪，全球经济一体化趋势、信息技术的飞速发展及其广泛应用、国内外市场竞争的日益加剧等，使得企业面临的生存与发展环境呈现出多变性和复杂性。企业要获得可持续发展，必须使企业战略与外部环境保持一种高度的适应和动态的调整。人力资源作为企业最核心、最宝贵的资源，其功能的显现和地位的提升使得人力资源部门成为企业战略决策中具有决定意义的部门。要保证企业的战略决策与调整及时有效，人力资源部门和管理者具有不可替代的作用。

第二，企业经营管理对人力资源部门职能要求的提升。企业的经营管理说到底是资源的争夺、重新配置和合理利用。在企业的众多资源中，"人"作为一种最具价值的资源，其重要性越来越引起企业的重视，任何企业的发展都离不开优秀的人力资源和人力资源的有效配置。因此，如何更快、更有效地为企业寻找人才、留住人才、开发人才，为企业保持强劲的生命力和竞争力提供有力的人力资源支持，成为人力资源部门所面临的重要课题。

在这种背景下，企业人力资源部门必须面对企业存在的问题、发展方向、面临的挑战和机遇有深刻的了解和认识，必须及时地为企业各相关业务职能部门提供有效的人力资源协助。

一个企业的人力资源战略作为企业总体发展战略的重要组成部分，对总体战略的实施起着巨大的支持和推动作用。因此，企业的人力资源部门要具备制订企业人力资源战略的能力。企业人力资源战略的制订，必须以企业总体的发展战略为指导，以远景规划目标为方向。

第三，实践要求人力资源部门更多地参与到企业战略与管理运作的过程中。在大部分的企业中，人力资源经理往往将自己大部分的精力放在行政事务上，在人力资源的战略与规划、人力资源的开发与管理咨询等方面投入的时间很少，这与人力资源管理发展趋势的要求有很大的差距。

如今企业经营运作的发展实践，要求人力资源部门要尽早改变只是被动地执行命令的状况，而是要在企业的发展战略与经营管理运作中积极地提出建设性的意见，在企业经营目标的背景下思考和研究问题，充分了解企业的经营状况以及影响企业业绩的原因，在公司的高层会议上，能从人力资源的角度提出提高公司业绩的建议，是企业人力资源工作成为公司战略目标实现的主要力量。

（2）人力资源部门角色转变的要求。①主动性。与以往被动地执行命令不同，作为战略合作伙伴的人力资源部门更多的是在当企业经营管理发生变化时，敏锐地察觉到这些变化对人力资源管理产生的影响，主动地制订相关政策和制度以支撑和推动企业的发展。②战略性。人力资源部门要关注企业人力资源实践与战略目标的有机结合，根据战略目标对员工进行全方位的开发与管理。③前瞻性。人力资源部门要用前瞻的、长期的、全局的视角来思考问题，根据环境的变化和企业的发展趋势，确定目前和未来人力资源工作的方向和重点。

人力资源部门为了实现以上转变，就需要了解企业的经营目标，多方位了解企业职能、产品、生产、销售、企业使命、价值观、企业文化等各个运作环节的内容和变化，并围绕企业目标实现来制订对员工的考核要求，深入企业的各个环节来调动和开发人的潜能。

2. 人力资源管理者的角色转变和要求

（1）人力资源管理者的角色。人力资源管理者要想真正成为企业的战略合作伙伴，必须胜任以下四种角色：①公司整体战略的制订者。人力资源管理者要为战略制订和执行中所有有关人力资源的问题提供解决方案，通过人力资源的有效管理，帮助公司持续获得竞争优势。②行政管理专家。人力资源管理者要不断开发设计高效率的人力资源操作系统，并将其优化为人力资源的服务过程。如提供更加有效的招聘选拔工具、配合企业战略设计培训和发展系统、建立新的绩效考核评价体系等。③员工激励者。人力资源管理者要充分地了解员工的各种需求，不断提高员工对企业的忠诚度，激发员工的潜能，在战略实践的过程中将员工的个人职业发展和企业的成长与发展结合起来。④变革推动者。人力资源管理者要在不断变化的企业经营环境中预测问题、诊断问题、分析问题、解决问题。企业发展战略的变化必然会对人力资源的管理提出新的要求，人力资源管理者不仅需要对新的问题提出新的解决方法，同时还要最大限度确保员工在变革过程中对企业战略变化的认同和对企业的忠诚，提高员工的满意度。

总之，人力资源管理者作为企业各部门的战略合作伙伴，就是要参与到各项业务的发展中去，通过人力资源战略与规划的制订和实施，推动变革、引导学习、塑造企业文化，促进企业的持续发展。

（2）人力资源管理者转变的要求。①提高能力。员工、团队和企业的能力与企业的绩效紧密相关，人力资源经理应从持续提高个人和企业的能力入手，积极推动企业发展战略的实施。对于员工个人，可以通过培训、辅导等方式，培养学习型员工；对于团队，可以通过组织沟通、知识分享，来创建协作型团队；对于企业，可通过制度创新、知识管理来创建学习型企业。②提供机会。个人或集体能力的发挥，还有赖于是否有合适的机会。人力资源经理的一个重要职责就是提供机会。例如，通过技能培训、在岗实践、职位晋升或轮换、充分授权等，给予员工充分展示自己的机会，提高员工绩效和企业绩效。③设计激励。组织或员工能力的发挥和绩效的实现，与是否受到激励以及激励的强度密切相关。企业中常见的激励手段包括绩效管理体系、薪酬福利体系和员工职业生涯规划等。④创造环境。良好的环境会直接促进企业发展战略的实现，人力资源经理的职责之一即为员工创造优越的工作环境。可以通过倡导领导艺术与团队合作来建立融洽的上下级关系及同事关系；通过企业文化建设来增强凝聚力和向心力；尊重个人，以人为本；逐步改善办公条件等。⑤流程优化。环境的变化、市场的竞争，要求人力资源经理时刻关注企业运作流程的优化，提高运营效率。通过组织扁平化、充分授权，流程系统化、网络化等方式，使企业更加适应市场，迎接市场挑战。⑥推动变革。变革是一个永恒的主题，认识、推动、引导变革也是人力资源经理永恒的使命。人力资源经理应充分认识到变革的需求和环境的变化，以此推动员工的行为和思想上的进步，创造出新型技术、新型产品和新的企业。

三、人力资源战略与规划的实施路径

由于企业所处的内外部环境不断发生变化，企业的战略变革和战略调整就成为其发展所必须面对的问题。因此，人力资源战略与规划的实施必须能够及时作出反应，以适应企

业环境的变化。

企业组织是一个有生命的有机整体，有其不同的发展阶段。在企业发展的不同阶段，实施人力资源战略与规划有不同的策略和不同的要求，同时也要考虑在不同的阶段影响人力资源战略与规划的不同因素。可以说，在企业生命周期的各个阶段，企业的人力资源战略与规划处在适时调整的状态。

（一）创业阶段

在创业阶段，生存是企业的首要任务。凝聚人心和业务导向是这个时期企业的关注点。因此，人力资源战略与规划的实施就应该侧重于有魄力的领导和专业型业务人才的选拔、培养、任用和激励等方面。那些能够利用个人魅力吸引员工和能够独立完成艰难任务的高技能人才，是人力资源规划的重点发展对象。

（二）成长阶段

在企业的成长阶段，发展是硬道理。组织扩张和有序管理并重是这个时期企业的关注点。因此，人力资源战略与规划的实施侧重点就应该从强调企业家精神和个人主义转变到规范化、职业化管理上来。此时，能够带领属下到基层实干的领导型人才以及能够帮助公司实现管理正规化的职业经理人成为公司最需要的人才。

（三）成熟阶段

在企业发展的成熟阶段，企业的关注点主要有如下两个：一个是如何为未来的发展变化做好充分准备；另一个是如何提升管理水平并将其塑造成企业的核心竞争力。其中，如何为未来的发展变化做好充分准备是更重要的一点。因此，对能够帮助企业进一步深化人力资源管理水平的专业性人才和能够审时度势、随机应变制定企业长远发展的人才的培养就成为这一阶段人力资源战略与规划的主要目标。不同类型员工的性格、兴趣、素质，组织结构与组织战略、组织岗位的匹配度，进行员工沟通、培训，保持员工思维方式和行为模式的规范性和一致性，都是企业需要在人力资源战略与规划中注意的方面，只有如此才能提升人力资源管理水平。组织的继续成长离不开强有力的企业文化、和谐的员工组织氛围和强有力的组织战斗力。

（四）衰退阶段

在企业衰退阶段，应放下历史包袱，注入活力，实现企业的"再生"，方向的调整是这个时期的重点。此时，人才的更新换代成为人力资源战略与规划实施的重中之重。为了配合公司推广，人力资源战略与规划的实施需要进行系统的调整。人力资源部门要充分理解新战略对人力资源管理工作的要求，在人力资源规划实施中紧密围绕新战略的要求，重新考虑企业的各项人力资源管理工作的安排，以促进人力资源的发展。

四、人力资源规划实施的战略步骤

第一阶段：健全完善阶段。在该阶段，可开展以人才资源开发和储备为主题的人力资源战略与规划实施内容。全面推动职业化人力资源管理体系的运作，对公司的人力资源工作进行综合统筹、分级管理，引进相关方法和手段，推进人力资源体系中的各项制度、各项工作的开展、实施与完善，并将其落到实处。在公司内充分形成互动，提升人力资源管理体系的整体运作效果，加大人才资源的储备和培养，使一大批人才快速成长起来，推动企业国际化进程及阶段性战略目标的实现。

第二阶段：改进提升阶段。人力资源战略与规划的改进和提升，要求实施前瞻性管理，发挥战略牵引作用。该阶段可开展以人才资源的价值整合和资本开发为主题的人力资源战略与规划实施内容，全面夯实人力资源各项工作，根据内外环境变化对人力资源管理体系进行升级、维护。在此基础上，前瞻性地开展人力资源战略管理，进行人力资源综合升级性整合，使得人力资源管理水平达到国内先进水平，使人力资源成为公司的核心竞争力之一，使人力资源对公司整体工作发挥牵引作用。

第三阶段：持续改进阶段。该阶段的主要内容是实现公司战略与个人职业生涯的完美结合。根据公司不同环境下不同的战略及具体发展规划，适时调整、完善和改进人力资源战略与规划，使人力资源战略与规划全面支持、推动和加速公司变革及战略实现。

五、人力资源战略与规划实施的具体步骤

企业人力资源战略与规划是一个不断调整的动态过程，人力资源战略与规划的实施是将人力资源战略与规划转变成可执行的行动方案的过程，在转化过程中要制定具体的战略目标、实施计划、实施保障计划以及资源的合理平衡、人力资源规划等，使人力资源战略可操作化。人力资源战略与规划的具体制定和实施的步骤主要有以下五个方面，即人力资源战略环境分析、企业人力资源现状评价、企业人力资源的供需预测、企业人力资源供需匹配不平衡的调整、人力资源战略与规划实施的监控等。

（一）人力资源战略环境分析

人力资源战略环境分析包括外部环境分析和内部环境分析。外部环境分析主要包括：

组织所处地域的经济形势及发展趋势；组织所处行业的演变、生命周期、现状及发展趋势；组织在行业中所处的地位、所占的市场份额；竞争对手的现状及增长趋势、竞争对手的人力资源状况、竞争对手的人力资源政策；预计可能出现的新竞争对手；组织外部的劳动力市场状况；政府的人力资源政策、法规对组织人力资源战略的影响等。外部环境分析通常采取 PEST 分析法。内部环境分析主要包括：企业内部的资源；企业所处的生命周期、发展阶段；企业总体发展战略；企业的组织文化；企业员工的现状和他们对企业的期望。

（二）企业人力资源现状评价

企业人力资源现状的评价主要通过人力资源调查和工作分析来完成。人力资源调查主要是通过查阅现有的档案资料、发放调查问卷、访谈等途径来获取企业现有员工年龄、学历、职称、能力和专长等方面的信息。通过人力资源调查可以了解企业现有人力资源的数量、质量和结构。工作分析是工作信息的提取手段，通过工作分析可以得到企业内各个职位对任职者知识、经验、技能等的要求。综合人力资源调查与工作分析的结果，可分析企业现有人力资源的配备状况，了解企业是否存在人员缺编、超编以及在岗员工是否符合职位资格要求的情况。

（三）企业人力资源的供需预测

企业人力资源的供需预测是人力资源战略与规划实施工作是一个重要环节。人力资源预测是指在对企业过往的人力资源情况及现状评估的基础上，对未来一定时期内人力资源状况的一种预先估计。人力资源战略与规划的预测包括人力资源需求预测和人力资源供给预测，以评估组织对人力资源的需要。

企业人力资源需求预测是在考虑内外部环境和企业战略目标的基础上，根据企业的优势和劣势、机会和威胁，制定相应的人力资源战略，确定企业的组织结构和工作设计。在这些基础上，企业运用科学的预测方法，如专家征询法、德尔菲法、描述法等定性分析方法，以及总体需求结构分析、人力资源成本分析、人力资源发展趋势分析、人力资源学习曲线分析、计算机模拟等定量分析方法对企业发展中所需的人力资源的数量、质量和结构进行预测，包括对各专业人才的数量、技术级别以及各种不同人才的搭配比例进行预测。这些工作可以和人力资源供给预测同时进行。人力资源需求预测包括如下 11 个步骤：①根据职务分析的结果，确定职务编制和人员配置；②进行人力资源盘点，统计出人员的缺编、超编及是否符合职务资格要求；③将上述统计结论与部门管理者进行讨论，修正统计结论；④该统计结论即为现实人力资源需求；⑤根据企业发展规划，确定各部门的工作量；⑥根据工作量的增长情况，确定各部门还需增加的职务及人数，并进行汇总统计；⑦该统计结论为未来人力资源需求；⑧对预测期内退休的人员进行统计；⑨根据历史数据，对未来可能发生的离职情况进行预测；⑩将步骤⑧和⑨中的统计和预测结果进行汇总，得出未来流失人力资源需求；⑪将现实人力资源需求、未来人力资源需求和未来流失人力资源需求汇总，即得企业整体人力资源需求预测。

人力资源供给预测就是测定组织可能从其内部和外部获得人力资源的数量，它应以对组织现有人员状况分析为基础，同时要考虑组织内部人员的流动状况，了解有多少员工仍然留在现在岗位上，有多少员工因岗位轮换、晋升、降级离开现在岗位到新岗位工作，有多少员工因退休、调离、辞职或解雇等原因离开组织。人力资源供给预测包括如下8个步骤：①进行人力资源盘点，了解企业员工现状；②分析企业的职务调整政策和历史员工调整数据，统计出员工调整的比例；③向各部门的人事决策人员了解可能出现的人事调整情况；④将步骤②和③的情况汇总，得出企业内部人力资源供给预测；⑤分析影响外部人力资源供给的地域性因素，包括所在地的人力资源整体现状、所在地的有效人力资源的供求现状、所在地对人才的吸引程度、薪酬对所在地人才的吸引程度、能够提供的各种福利对当地人才的吸引程度、本企业对人才的吸引程度；⑥分析影响外部人力资源供给的全国性因素，包括全国相关专业的大学生毕业人数及分配情况、国家在就业方面的法规和政策、该行业全国范围的人才供需状况、全国范围从业人员的薪酬水平和差异；⑦根据步骤⑤和⑥的分析，得出企业外部人力资源供给预测；⑧将企业内部人力资源供给预测和企业外部人力资源供给预测汇总，得出企业人力资源供给预测。

（四）企业人力资源供需匹配不平衡的调整

人力资源战略与规划的目标是达到供需平衡，即企业完成人力资源供需预测后，确定对劳动力的净需求，并在此基础上制定相应的人力资源政策，以保持人力资源的平衡。首先是确定净人员需求量：主要是把预测的人力资源战略与规划目标上的供给与需求进行比较，确定人员在质量、数量、结构及分布上的不一致之处，从而得到纯人员需求量。其次是制定匹配政策以确保需求与供给的一致，即制定各种具体的战略与规划和行动方案，保证需求与供给在战略与规划上的匹配。

在人力资源战略与规划的实施过程中，要了解实现企业人力资源供给和需求的平衡，人力资源供需平衡就是指企业通过增员、减员和人员结构调整等措施，使企业人力资源供需基本趋于相等的状态。企业需要综合人力资源供给预测和需求预测的结果，作出分析、判断和估计，结合企业外部因素和内部其他因素的影响，使人力资源供给与需求相平衡。

现代企业管理中人才的需求是多元化的，基于战略的人力资源管理应从企业实际出发，设计以关键绩效指标为核心的绩效管理系统和满足不同人才需要的分层分类薪酬体系，使薪酬与绩效挂钩，并使薪酬重心向关键价值创造者倾斜，从而在企业中创造一种以能力和业绩为标准的价值评价与激励机制，促进战略的实现。

（五）人力资源规划实施的监控

人力资源战略与规划是一个具有闭环特征的程序，因此在实施过程中应当对其及时跟踪，及时发现偏差并采取相应的纠偏措施，以使人力资源规划能与战略规划的步调保持一致，提高自身运作的有效性。

1. 人力资源战略与规划实施的监控范畴

人力资源成本指标是指用于监测企业取得、开发和保全人力资源使用价值而付出的成本的指标，包括人力资源的取得、开发、使用、保障和离职等投入成本的财务指标。企业只要有员工就会涉及人力成本的问题。在人力资源规划中，人力资本的预算是非常重要、不可或缺的一个部分。

人力资本主要由三个部分构成：标准工作时间的员工标准所得（员工工薪部分）；非标准工作时间的企业付出（如福利部分）；开发费用（包括内部开发和外部开发，内部开发主要是培训，外部开发主要是招聘）。

人力资源成本指标反映了人力资源管理系统的投入，事项指标反映了人力资源管理系统运行的效率，员工反馈指标反映了人力资源管理系统的结果质量。良好的人力资源成本结构和有效的事项执行可以提高员工能力成熟度、工作满意度，进而提高出勤率、工作效率，降低流动率，提升企业的发展潜力。

2. 人力资源战略与规划实施的监控步骤

（1）建立目标。公司的高层管理部门和战略规划部门制定公司的发展战略、使命和愿景。根据公司近几年的运营状况，制定人力资源管理系统的短期计划和长期规划，产生人力资源管理部门所需关键指标及各指标能够被接受的控制目标（控制目标是指监控指标所要达到的目标值，及能被接受的最低值或最高值。例如，某公司为实施低成本战略，人力成本降低率则成为部门关键指标）。此外，还需不断调整关键指标方案，保持与其他部门步调一致，保证其可行性。

（2）事项识别。建立了人力资源管理的部门目标之后，需要分析、识别影响实现部门目标的关键事项。利用基于活动的分析方法（ABM/ABC），将关键事项逐层分解落实到人。结合自上而下和自下而上的模式，从目标计划、企业要求、岗位说明书等方面出发，明确每个小组、每个人负责的相关事项。

（3）建立指标体系。针对各个事项，归纳其监控指标、确定控制目标、分配权重、制定计分公式和评分规则、定位数据来源、区分测评周期，以建立指标体系。指标体系的建立要从三个维度进行：质量、成本和时间。质量即是事项执行的结果；成本是事项执行的开支费用；时间则是完成的及时性。

（4）实施监测。将各指标按每个季度、每个月或者实施的实际值与控制目标值进行对比，根据实际值与目标值差距的程度，分级预警。实时进行环比、同比分析，及早发现问题及时预警。此外，在监测过程中，还需关注关键事项在执行过程中是否符合企业战略、企业目标，执行过程是否规范化，是否符合企业制度等。

（5）例外分析。通过监测及时发现企业存在的问题，深入分析问题，找出问题的根源。

（6）结果报告。快速将分析的结果进行汇总，产生内部报告，为企业的相关管理者提供决策的依据，及时从源头上解决问题。

以上六个过程形成一个闭合回路，从建立目标开始，识别可能影响目标实现的关键事项，针对关键事项建立指标体系，实施监测，以便及时发现问题进行分析，经分析辨别后得到内部报告，将报告提供的内容作为依据果断地调整目标，这样就形成了一个周而复始的过程。

第二节　人力资源战略与规划的评价与调控

一、人力资源战略与规划评价和调控的必要性

对人力资源战略与规划进行评价和调控的基本目的就是，通过确保人力资源战略与规划所要实现的成果和事先确定的人力资源战略与规划的预期目标相互吻合，从而成功实施人力资源战略与规划。管理人员将人力资源战略与规划的评价和调控过程看成是与企业员工及可能加盟企业的人才进行有效沟通的手段，而企业员工也可以通过人力资源战略与规划的评价和调控工作了解企业的发展战略、实施手段和人员要求。人力资源战略与规划的评价和调控是实施人力资源战略与规划不可或缺的过程和活动，主要基于以下几项基本事

实：

第一，组织内部的非均衡性。人力资源战略与规划实施的场所是组织，组织是人力资源战略与规划实施的基础和基本条件，但组织本身由于各种因素的干扰而呈现出极大的不稳定性。组织规模大小、结构匹配以及对外部环境的不断适应性无不表现出明显的非均衡性。组织的这种非均衡性对人力资源规划的要求与标准都会有实时动态的调整，而这种调整乃至革命性的变化都要依赖评价与控制系统来完成。

第二，人力资源战略与规划环境的多变性。这种环境的变化包括组织内部环境与外在环境的双向变革，无论是组织的结构、管理机制、企业文化的调整，还是市场竞争、劳动力择业期望与倾向的变化，无不表明当今组织面临的环境影响范围在不断扩大。而随着世界经济一体化的不断深入、知识经济的兴起、知识管理重要性的凸显以及技术发展的日新月异，环境变化连续加速。人力资源战略与规划的剧烈变化更加大了企业制订与实施人力资源战略与规划的难度和不确定性，正是由于人力资源战略与规划环境在广度、幅度、深度以及速度方面的变化，必然要求组织实时且审时度势地对最初制订的人力资源战略与规划在内容、原则、实施手段以及实现的目标上进行相应的评价与控制。

第三，人力资源战略与规划本身的不全面性。人力资源战略与规划在制订之初由于客观原因和主观努力，往往存在一系列意想不到的问题，不可能在事前规划得完美无缺，往往需要在具体实施人力资源战略与规划的实践中进行不断地修正、补充和完善。这就要求进行人力资源战略与规划的评价，并在评价的基础上进行针对性的控制。

第四，人力资源本身的能动性。无论是战略性的人力资源规划（5年以上）、战术性的人力资源规划（1~5年）还是操作性的短期规划（1年以内），企业内外的人力资源本身的能动作用会发生企业规划当初未曾精确预料到的变化。在人力资源素质结构、损耗与内外部流动、人力资本以及员工需求等诸多方面均会要求人力资源规划必须有动态的评价与控制来保证兼容性，促使企业的人力资源产生良性互动。

二、人力资源战略与规划评价和调控的作用

在制订和实施人力资源战略与规划的过程中，评价与控制都是一个必不可少的环节，也是整个过程中的重要方面。但是在实践中，很多企业在制订和实施战略与规划时从不做评价和调控，或者以应付的态度完成形式上的评价，对评价形式的重视往往超过了对评价内容和评价结果的重视程度，评价成为一次可有可无地走过场，完成了这个过程就是做过了评价。最终是否适当地解决了问题，采取的方法和技术手段是否贴切，企业内外的资源是否得到了充分利用，预期的结果是否已经达到，这些往往无从知晓，企业的管理人员也

可能有个大概的印象，但更细致的情况难以清楚了解。由于评价工作形同虚设，因此根本谈不上有针对性地开展优化、控制工作。随着时间的推移和人力资源战略与规划实施过程的进展，企业的高级管理人员、人力资源战略与规划的实施者也没有兴趣和耐心去对过程进行理性的评价，人力资源战略与规划的效果以及各种评价方法与手段的运用也就停留在了理论上。

对人力资源战略与规划进行评价和调控，是美国等发达国家近20年来发展较快的人力资源实践领域。人力资源战略与规划评价是通过对企业实施的人力资源战略与规划的内在基础的考察分析，将人力资源战略与规划的预期结果与实际贯彻的反馈结果进行比较、判断和分析的管理活动。

人力资源战略与规划控制是针对企业所制订的人力资源战略与规划和实际贯彻执行过程进行动态调节，纠正偏差，确保战略有效实施和适应的过程。

人力资源战略与规划的评价与控制既是一个阶段人力资源战略与规划的重要一环，又为下一阶段人力资源战略与规划的螺旋发展做好基础准备，起着承上启下的突出作用。企业在全面进行人力资源的总体规划和各项业务规划及实施过程的前后，必须根据人力资源战略与规划标准以及事先预想的结果和具体的实践不断地进行比较和修正偏差，以确保人力资源战略与规划的成功实施。

三、人力资源战略与规划评价和调控的目的

由于企业在实施人力资源战略与规划的过程中会遇到难以完全克服的困难和障碍，所以评价和调控在企业人力资源战略与规划的实施过程中就产生了一种不可替代的作用，其基本作用或者实现的目标体现在以下几个方面：

（一）实现人力资源规划的滚动实施

人力资源战略与规划通过自身的动态滚动性来适应组织的各种战略目标和作业目标的不断变化。要评判人力资源战略与规划的制订与实施成功与否，就必须不间断地对人力资源战略与规划的全过程进行评价与控制。只有在及时而准确的评价与控制的作用下，才能及时发现规划在制订当初以及实施过程中的缺陷所在，高效地指导人力资源的开发与管理，并对人力资源战略与规划精确纠偏。

通过评价，人力资源管理人员能够有效识别那些能够明显改善人力资源战略与规划的活动，从而保证有限投入的最佳回报；否则，不分主次、不分轻重缓急地盲目规划与投资，往往会降低人力资源部门和整个企业资源的利用水平。及时客观的评价可以帮助企业

及时纠正偏差，避免资源的进一步浪费，并减少不当的人力资源战略与规划政策带来的风险。在评价基础上建立起来的人力资源信息系统还可以为企业决策提供人力资源战略与规划工作的详细历史数据，帮助企业从过去的经验教训中学习有效的手段与方法。

(二) 找到人力资源战略与规划中的缺陷

在变化剧烈、信息不完全的环境中进行人力资源战略与规划，有时会有完全未曾预料到的情况出现，或实际贯彻结果与当初预期大相径庭。而在最初进行人力资源战略与规划时并未对实际情况给予充分估计，导致人力资源战略与规划存在弱点和缺陷。这时人力资源战略与规划的评价与控制系统就能起到安全阀的作用，及时发现隐患，迅速采取针对性措施来弥补各种偏差。例如，某跨国企业在制订人才招聘的规划时为了节约费用，决定放弃传统的登报招聘方式，只采用网上招聘。利用网络在招聘高级研究与开发人员时的确有效地降低了招聘费用，但在招聘熟练技术工人时却出现了问题——发展中国家的技术工人很少利用网络来寻找工作。很快公司通过人力资源战略与规划的评价与控制系统发现了这一判断失误，并采取了一系列的补救措施，保证了人力资源战略与规划预期目标的实现。

人力资源开发与管理所面临的机遇与挑战给人力资源管理评估工作带来了巨大的外部压力和拓展空间。企业通过成功增值的项目及评定其成功程度的方法来帮助人力资源部门从过程导向转向结果导向。同时，人力资源管理思想的改变及信息技术在人力资源管理中的应用又大大推动了人力资源管理评估工作的发展，人力资源管理评估工作的意义也日益显著。

(三) 实现人力资源战略与规划和人力资源管理战略的良性互动

人力资源战略与规划是人力资源管理工作的关键性部分。如果规划制订得很糟糕，组织就可能遭受各种人员配置问题的困扰，或者缺少足够的员工，或者由于人员过多而不得不大量地裁员。如果人力资源战略与规划的评价与控制十分完善，就能获得多方面的益处：高层管理者可以更多地了解经营决策中与人力资源有关的问题；加深对人力资源管理重要性的认识；管理层可以在人力资源费用变得难以控制或超出预算之前，采取措施来防止各种失调，并由此使劳动力成本得以降低；由于在实际雇用员工之前已预计或确定了各种人员的需要，企业因此可以有充裕的时间来发现人才；经理的培养工作可以得到更好的规划等。

各种结果只要可以衡量，都可以作为考评人力资源战略与规划绩效的依据。人力资源战略与规划取得成功的最有说服力的证据是，在一个较长的时期内，企业的人力资源状况始终与经营需求基本保持一致。

完善的人力资源战略与规划的评价与控制实践可以为战略计划的实施尽早提供必要的人力资源方面的准备。企业战略计划的制订基础之一是上一阶段人力资源战略与规划的评价结果。目前企业已经深刻体会到，没有准确而客观的人力资源战略与规划评价基础，没有合格的人力资源供给，很多雄心勃勃的战略就难以实现，即使勉强实施，企业也会感受到人才瓶颈带来的巨大负面影响。

（四）明确人力资源管理部门的工作成绩

有效的评价与控制能够使企业管理者及员工不仅看到在人力资源上的投入与花费，而且更重要的是看到人力资源的有效产出。正确的评价方法可以将这种产出及其对组织绩效的改善情况显示出来，令人信服。人力资源工作绩效的显示，有助于企业进一步重视人力资源管理，增加有效投入，而且使人力资源战略与规划工作有了评判依据，从而有助于人力资源工作人员获得工作成就感。

（五）产生支持人力资源管理决策的信息

人力资源战略与规划的评价与控制工作为人力资源管理提供了可靠的依据。企业的人力资源管理或多或少要根据人力资源战略与规划评价以及控制的结果进行决策，经过实践检验的评价与控制信息往往成为企业管理人员的第一手基础资料，能够确定差距和人力资源开发的需求，为引进新的、更高的标准提供依据。管理人员可以有效地利用评价和调控来佐证自己决策的正确性和实用性。

（六）把握人力资源的保值增值现状与发展趋势

在目前的生产资源计划中，人力资源虽被视为经营资源的重要组成部分，但其资产价值的给定却有较大的不确定性和随意性。对企业人力资本的正确估价有利于企业准确掌握人力资本增值情况，切实根据组织目标科学配置人力资源，并为人力资源开发政策的调整提供依据。通过加强员工知识和技能优化情况的多层次评价与控制，促进个人和组织人力资本的共同提高，从而为企业更好地开发、整合以及利用员工技能和知识提供依据。在以员工技能和知识为企业核心竞争力源泉与基础的知识经济时代，人力资源战略与规划的评价与控制的意义会更大。中国企业原先所采用的静态劳动人事信息管理方法，缺乏明确细致的人力资源战略与规划管理及实践，企业人力资本损益难以清晰界定和有效开发，难以明确显示企业人力资源的冗余或短缺。而一旦经营环境恶化，由于缺乏有针对性的人力资源战略与规划的适时控制，已经贬值而成为企业负担的人力资源就会丧失主动退出或培训增值的有利时机，成为企业退出某一行业的障碍，制约企业规避风险的能力。反之，如果企业建立起动态的人力资源战略与规划的评价与控制系统，就可及时避免这种人力资源贬值，实现个人、企业和社会资源的优化配置与利用。

人力资源战略与规划的评价和控制对于市场经济中走向集约型增长的企业来说，意义也是显著而长远的。企业管理者和人力资源部门已经意识到人力资源战略与规划的评价与控制实践的重要性。对中国企业经营者而言，树立起积极主动的人力资源战略与规划的评价与控制理念、明确人力资源战略与规划的评价与控制的作用和实践价值，可以帮助企业充分利用我国较丰富的人力资源，并利用人力资源战略与规划的评价和控制实践活动为企业实现可持续发展打下坚实的基础。

四、人力资源战略与规划评价和调控的主要内容及指标体系

人力资源战略与规划的制订与实施能否真正实现人力资源战略与规划的目标、能否积极而经济地服务于组织的发展战略、能否客观地适应外部变化的环境而不会变得过时，人力资源战略与规划的评价与控制起着重要的保证作用。但组织的人力资源战略与规划活动也会受到各种因素的干扰，这些干扰因素包括：外部环境的巨大变化；组织员工对自身价值观的重新塑造、对工作生活质量的日益关注和积极寻求自身职业的稳定发展；组织发展战略、人力资源战略的主动调整；国家法律、规章制度以及行业标准的不断完善和调整等。这些因素无不深远地影响着组织的人力资源战略与规划工作。

按照经济、有效与可行性的原则，在对人力资源战略与规划进行评价与控制时，只能对人力资源战略与规划的关键控制点进行评价与控制。评价与控制不足或过多都会给人力资源战略与规划工作带来损失，组织经营者仔细斟酌评价与控制的内容是人力资源战略与规划成功实施的基础。

组织根据自身的经营理念、人性假设、内外部环境的情况与特点、人力资源战略与规划所欲实现的目标等综合关联性因素的相关性和重要度，选择并构建符合本组织的人力资源战略与规划的评价和控制系统。一般而言，组织进行人力资源战略与规划的评价与控制的内容包括三个层面：人力资源战略与规划的制订基础层面、人力资源战略与规划的实施层面、人力资源战略与规划的技术手段层面。

具体而言，在评价和调控人力资源战略与规划的制订基础时，应不断反省人力资源战略与规划的前提和基础。如果人力资源战略与规划的前提和基础发生重大动摇，就有可能需要对本阶段的人力资源战略与规划进行重大的调整，甚至重新制订人力资源战略与规

划。对人力资源战略与规划制订基础的评价和调控往往持续时间很长，有的企业可能会持续数十年。但其实施意义非常重大而深远。如果组织始终静态地认为人力资源战略与规划的基础一成不变，那么给组织带来的损害将是毁灭性的。随着经济一体化、市场全球化和新兴技术的快速发展，人力资源战略与规划从制订、实施到评价和调控的周期越来越短。组织进行人力资源战略与规划的基础变得日益动态、混沌和复杂，这给人力资源战略与规划的评价和调控提出了越来越高的要求。评价和调控人力资源战略与规划的基础，往往包括分析以下几个部分：①形成人力资源战略与规划的过程是否经过充分考虑和酝酿，是否有具体的数据支持，对关键性的问题是否有针对性。②对组织内外部环境的评价与预测是否充分、彻底和客观。③组织是否具备战略规划概念和资金等资源保证。④组织的管理能力和实施能力能否有保障。⑤组织的战略与战术目标能否测量，组织中是否人人知晓组织的战略。利益所有层次的经理能否有效地、持续地理解和实施规划。⑦组织的结构与人力资源战略与规划是否相互支持和匹配。⑧企业文化与人力资源战略与规划是否冲突。⑨组织的评价、奖励和控制机制是否有效。⑩人力资源战略规划与总体战略目标的关联度。⑪控制手段和意识能否达成统一协调。

具体的人力资源战略与规划的实践内容和过程也应当加以评价和调控，但各个企业由于具体的特点和面临的情况与问题差异很大，在人力资源战略与规划的实施方面带有明显的本企业风格，但一些基本的需要评价和调控的内容包括：①经理是否按战略规划把任务授予各部门。②工作的职责、具体规定和描述是否清楚。③实际与预测的雇员流动率和缺勤率指标是否准确、客观，预测的人员需求量与实际的人员招聘量之间的差距。④所有的单位、部门、雇员、经理等的努力目标是否一致。⑤人力资源战略与规划的目标是否均达到。⑥实际人力资源战略与规划的实施成本和规划的预算，人力资源战略与规划的成本与收益状况。⑦人力资源战略与规划的关键任务支持是否得力。⑧人力资源战略与规划实施所需要的信息种类是否齐全，是否具有畅通的信息交流渠道。⑨是否需对实施人员进行培训。⑩人力资源战略与规划的制订与实施人员对自身工作的熟悉和重视程度。⑪管理高层对人力资源战略与规划的预测结果、实施方案、各种建议和意见的重视和利用程度。⑫人力资源战略与规划在管理者心目中的地位和作用，在关键决策中的使用价值。

人力资源战略与规划的评价和控制，还须将人力资源战略与规划的行动结果与人力资源战略与规划的最初要求和目标进行比较，努力发现规划与现实之间的差距，从而对规划工作进行调整与优化，并为今后的人力资源战略与规划等活动提供参考资料。

随着信息技术、控制技术等许多相关科学技术和方法的不断创新与发展，人力资源战略与规划的评价与控制手段也在不断地推陈出新。各种评价与控制手段的有机组合可以有效地保证人力资源战略与规划的成功实施。但如何针对本企业的实际情况，对众多评价与控制技术进行合理的选择与搭配，就需要对各种评价与控制技术本身的特点以及与本企业的实际情况结合进行评价与控制。既不要盲目地选择一些过于复杂而成本高昂的评价与控制技术，又要防止出现由于评价与控制技术不当而导致评价不准、控制不力的情况发生。评价与控制技术自身需要评价与控制的内容包括：①人力资源战略与规划评价技术能否针对本企业的实际情况。②人力资源战略与规划的控制力度和频度的合理范围。③人力资源信息系统（HRIS）的实用性与有效性。

五、人力资源战略与规划评价和调控的主要方法

（一）人力资源战略与规划评价的主要方法

在具体的人力资源战略与规划的评价过程中，很多管理人员已经总结出了许多行之有效的方法，通过对各种方法的具体分析和大胆运用，可以保证人力资源战略与规划的实施。人力资源战略与规划的评价方法还在不断地推陈出新，应结合企业各自的具体情况进行有效组合。

虽然理论型上和实践上对人力资源战略与规划工作进行评价存在较多分歧与争议，对管理人员的管理实践也具有现实的挑战性，但是20世纪80年代以来，人力资源管理的迅猛发展还是为我们提供了可以借鉴的一些评价和调控方法。我们前几年对人力资源管理的不同方法进行了深刻的研究并对人力资源管理评估进行了总结，这些评价方法大致可包括：人力资源会计、人力资源关键指标、人力资源效用指数、人力资源指数、投入产出分析、人力资源调查问卷、人力资源声誉、人力资源审计、人力资源战略与规划案例研究、人力资源成本控制、人力资源竞争基准、人力资源目标管理和人力资源利润中心等。

1. 人力资源会计评价和调控法

人力资源会计评价法是将员工视为企业资产，给出员工价值，采用标准会计原理去评价员工价值的变化。它是一个识别、评价人力资源并交流有关信息以实现有效管理的过程。人力资源被看成是企业的资产或投资。与其他资产评估不同的是，人力资产评价，需使用由行为科学提供的评价工具对员工的能力和价值进行计算。

2. 人力资源关键指标评价法

这种评价法是用一些测评组织绩效的关键量化指标来说明人力资源战略与规划的工作情况。这些关键指标包括求职雇佣、平等就业机会、雇员能力评估和开发、生涯发展、薪

酬管理、福利待遇、工作环境、劳动关系以及总效用等。每一项关键指标均需给出可量化的若干指标，如企业在招聘时，各个岗位能够吸引的应聘人数与最终录用人数之比等。对人力资源战略与规划工作和组织绩效的关联性的研究与实证分析显示，两者有较高的相关度，人力资源战略与规划工作优秀的企业确实有良好的企业业绩。

3. 人力资源效用指数评价法

人力资源效用指数评价法是一种试图用一个衡量人力资源工作效用的综合指数来反映企业人力资源工作状况及其贡献度的评估方法。人力资源效用指数使用人力资源管理系统的大量数据来评估甄选、招聘、培训和留用等方面的人力资源管理工作，但由于其过分庞杂，加上指数与组织绩效之间的相关性仍不明确，不少研究者并不看好它，操作上过于复杂和关联性不强导致使用人力资源效用指数评价与控制人力资源战略与规划活动受到很大的局限。

4. 人力资源指数评价法

人力资源指数是美国著名学者舒斯特教授开发的，由薪酬制度、组织沟通、合作、组织环境等15个因素综合而成。人力资源指数不仅说明企业的人力资源绩效，而且反映企业的环境气氛状况，包括的内容比较丰富。在美国、日本、墨西哥，许多企业使用人力资源指数问卷进行调查，并在此基础上建立了地区标准和国际标准。我们曾根据中国的实际情况，对人力资源指数进行重新设计，并在国内进行了大量的调查。调查结果显示，人力资源指数问卷的信度和效度均较高。

5. 投入产出分析评价法

将投入产出分析方法运用于人力资源管理评估，计算人力资源成本与收益之比，具有较高的信度。在企业个案研究中，投入产出分析是比较成功的。一般而言，人力资源项目的成本是可以计量的，但问题是项目收益的确认，尤其是无形收益的确认比较困难。投入产出分析在评估人力资源单一项目时是比较有效的，但在评估整个人力资源工作时则显得力不从心。

6. 人力资源调查问卷评价法

这种评估方法将员工态度与组织绩效联系起来以实现对企业人力资源工作的评价。一般而言，员工态度与组织绩效之间存在正相关关系，虽然相关性的原因仍不清楚，但已有的一些研究表明：或者是好的组织气氛提高企业业绩；或者是成功企业的环境产生了良好的气氛。问卷调查方式经常用于进行人力资源战略与规划的评价，这种方式就是给职工一个机会来表达他们对人力资源部门的各种工作，包括人力资源战略与规划工作的看法。员工意见调查可以有效地用于诊断哪些方面存在着具体的问题，了解职工的需要和偏好，发现哪些方面的工作得到肯定，哪些方面被否定。除了常规性的问卷调查外，为了打消员工提出意见和建议的顾虑，企业也可以通过电子邮箱调查和按钮话机对话式调查的方法来了解员工的意见。

员工意见调查是一种专项调查，它着重了解员工对自己的工作和企业的感受及信念。这类调查事实上可以视为一个讲坛，使员工得以公开他们对工作、负责人、同事以及企业政策措施的看法。这种调查还可以成为企业改善生产力的一个起点。调查的频率应根据情况而定，目前，有些企业实行定期调查（如每年一次），有些企业则实行不定期调查。

7. 人力资源声誉评价法

有些专家为可以通过员工的主观感受来对企业人力资源战略与规划工作进行评估。员工的反映及企业人力资源工作的声誉对人力资源战略与规划的评价来说，是比较重要的。但实证分析和研究发现，这种评价与控制和组织绩效之间的直接相关度不高。

8. 人力资源审计评价法

审计是客观地获取有关经济活动和事项的数据，通过评价弄清实际业绩与标准之间的符合程度，并将结果报知有关方面的过程。

与传统财务审计的综合特点类似，人力资源审计是评估人力资源战略与规划效率的综合性手段，它是对企业人力资源管理现状所进行的一种正式考察。人力资源审计的目的，是通过充分开发和利用统计报告以及研究数据来全面准确地评价人力资源管理工作到底落实得如何。

人力资源审计工作以管理层在人力资源管理方面所确定的各种目标为起点，由审计人员将人力资源管理工作的实际效果与各种原定目标进行比较。人力资源审计的目的，就是了解一个企业对人力资源战略与规划管理的重视程度和实际管理状况，并依此给予评价。在进行打分时，应先估计一下其他管理者和员工可能给予什么样的分数。得分总数情况可以作为改善企业人力资源管理的行动指南。

人力资源审计是传统审计的延伸，它通过采用、收集、汇总和分析较长时期内的深度数据来评价人力资源管理绩效。这种系统方法取代了过去的日常报告，经过调查、分析、比较，审计为人力资源工作提供基准以便人们发现问题，并采取措施提高效用。在人力资源审计中可综合使用访谈、调查和观察等方法。

9. 人力资源案例研究评价法

人力资源战略与规划案例研究近年来被广泛地引入到人力资源管理评估的实践中，成为一种低成本的评估方法。具体做法是通过对人力资源工作绩效的调查分析，与人力资源部门的顾客、计划制订者进行访谈，研究一些人力资源项目、政策的成功之处并将其报告给选定的听众。

10. 人力资源成本评价法

大多数管理者虽然意识到了工资和福利的总成本，但是没有认识到人力资源工作的改变会带来巨大的开销。评估人力资源绩效的一种方法是测算人力资源成本并将其与标准成本进行比较。普通的人力资源成本可包括每一雇员的培训成本、福利成本占总薪资成本的比重以及薪酬成本等。这种人力资源成本控制方法是对传统成本控制方法的拓展，在典型的成本控制，表中可包括雇佣、培训和开发、薪酬、福利、公平雇佣、劳动关系、安全和健康、人力资源整体成本等。

11. 人力资源竞争基准评价法

竞争基准方法也在人力资源部门中得到运用并被用来评估人力资源战略与规划工作。具体做法是先将人力资源工作的关键产出列出来，然后将此与同行业中的佼佼者进行比较，从而进行评估。用竞争基准方法进行人力资源战略与规划的评价与控制时，需要将本企业人力资源战略与规划工作情况和那些"表现最好"的企业的各项标准进行比较，它可以使人力资源部门的员工了解到，他们的工作业绩与其他企业相比到底处在什么样的水平。运用竞争基准方法对人力资源战略与规划进行评价与控制，可以促进下列各方面的工作：

（1）确认人力资源战略与规划的运作情况应该进一步改进。
（2）评估人力资源战略与规划政策和人力资源利用效果。
（3）将人力资源战略与规划政策和人力资源利用效果与"最佳利用效果"进行比较。
（4）设立人力资源利用目标，逐渐缩小目前利用状况与最佳利用状况之间的差距。

为了进行评估，必须制订计划，确立评价方法和了解最佳利用状态。在此基础上，再对存在差距的方面进行改进。

12. 人力资源目标管理评价法

运用目标管理的基本原理，根据组织目标的要求，确立一系列的目标来评价人力资源工作。在这种方法中，关键是目标合理、可评估、有时效性、富有挑战性且又合乎实际，能被所有参与者理解。同时，目标又必须是达到高水平管理所要求的。当然，这些目标应尽可能量化，且必须与组织绩效相联系。

13. 人力资源利润中心评价法

利润中心评估方法是当代管理理论和实践将人力资源部门视为能够带来收益的投资场

所的体现。人力资源部门作为利润中心运作时,可对自己所提供的服务和计划项目收取费用,典型的人力资源服务项目有培训与开发项目、福利管理、招聘、安全和健康项目、调遣项目、薪资管理项目等。

(二) 人力资源战略与规划调控的主要方法

1. 运用人力资源战略与规划研究的调控方法

通过运用人力资源战略与规划研究,对企业内外的各种人力记录资料进行分析,从而确定以往和当前人力资源战略与规划实践措施的可行性、有效性。这种研究分析结果可用于以下几个方面的控制工作:

(1) 观察近期人力资源战略与规划工作。

(2) 确认人力资源方面存在的问题并针对这些问题提出解决方案。

(3) 预测各种发展趋势及其对人力资源管理的影响。

(4) 考核人力资源战略与规划工作的成本与收益。

由于缺乏适当的信息就难以制订好的决策,这使得研究分析工作对解决人力资源问题具有十分重要的作用。

人力资源专业人员必须研究和分析当前人力资源的管理措施,以保证未来的人力资源战略与规划工作变得更加实际和有效。研究可以是非常简单和直接的。

2. 利用离任交谈方式进行人力资源战略与规划的调控方法

调研性的交谈是另一种可以采用的研究方法。这一方法可用于许多方面,离任交谈就是一种被广泛采用的评价方法。在这种交谈中,企业主要了解员工决定离开企业的原因。主持这种谈话的人员通常是人力资源专家而非企业的各级负责人。一个高水平的交谈者可从交谈中获得非常有价值的信息。离任交谈可以了解许多方面的问题,包括离职原因、管理问题、工资问题、培训问题以及对自己工作最喜欢和最不喜欢的方面等。为了便于对交谈所得信息进行汇总,有些企业在离任交谈时采用统一化的提问方式。离任调查的结果将汇报给管理层,供管理层作各种评估之用。

3. 人力资源计分卡调控方法

人力资源计分卡许多企业都将战略地图中所涉及的各种活动加以量化和计算机化处理。人力资源计分卡就可以帮助企业做到这一点。人力资源计分卡并非一张计分的卡片。实际上,它是针对为实现组织战略目标所需完成的一系列人力资源管理活动链,设计各种财务和非财务目标或衡量指标,同时对结果进行监控的过程。简而言之,人力资源计分卡就是要拿到一份战略地图，然后将其进行量化处理。

管理者通过使用一些特殊的计分卡软件，可以很方便地完成上述工作。计算机化的计分卡设计过程有助于管理者对以下三个因素及其之间的关系做量化处理：一是各种人力资源管理活动（甄选测试以及培训的数量等）；二是所产生的员工行为（例如客户服务等）；三是所产生的公司战略后果及绩效（比如客户满意度和利润率等）。

4. 实施人力资源管理审计调控方法

循证人力资源管理就是指利用数据、事实、严密的分析、严谨的科学论证、批判性的评估以及经过批判性评估的研究结果或案例，为各种人力资源管理建议、决策、实践以及结论提供支持。这里，我们将集中讨论两种循证人力资源管理工具：人力资源管理审计和标杆管理。

在人力资源管理领域，以数据为基础的分析常常始于人力资源管理者对本组织的部分或全部人力资源管理活动进行人力资源审计。一位人力资源管理从业人员将人力资源管理审计描述为一种分析活动，通过这种分析，组织可以衡量自己的人力资源管理目前处于一种什么样的状态，然后决定为了改善本组织的人力资源管理职能还应当做哪些事情。人力资源管理审计的程序在实施人力资源管理审计的时候，一种最基本的方法就是使用一份核查清单型的调查问卷。审计小组的人还可以对挑选出的人力资源管理专业人员以及其他职能部门的管理人员进行访谈，以便更好地评估人力资源管理职能的有效性。

（1）确定审计范围。例如，审计是将集中于所有的人力资源管理职能领域，还是仅仅审计其中的一两个方面，或者是只审计遵守法律方面的情况？

（2）组建审计团队。确定进行人力资源管理审计的团队成员，谁是团队领导者，以及这个审计团队应当向谁汇报审计结果。

（3）整理核查清单以及其他可供使用的审计工具。例如，现在已经有哪些内部核查清单或其他资料，或者是从公司咨询顾问那里得到的核查清单？有哪些人力资源管理审计方面的核查清单软件包程序可供使用？

（4）明确预算。审计团队必须首先了解审计的成本等情况，以使要做的事情能够在预算范围内完成。

（5）考虑合法性。需要意识到，在人力资源管理审计过程中发现的一些问题，很可能被目前与公司有法律诉讼关系的另外一方发现。因此，在进行人力资源管理审计之前，至少应当与公司的律师讨论一下审计的合法性。

（6）获得高层管理人员的支持。公司的高层管理人员需要作出对人力资源管理审计活动的明确态度，并且表示会对审计过程中发现的问题采取积极的补救措施。

（7）设计审计清单。审计团队需要通过各种渠道，其中包括公司内部的核查清单、相关的软件包程序以及对其他公司的最佳实践所做的考察等，为准备进行的人力资源管理审计设计一套审计问卷。这种问卷通常是一系列的问题核查清单。审计团队将使用这些核查清单来指导他们完成对相关领域的审计。

（8）使用调查问卷收集与公司及其人力资源管理实践有关的数据。

（9）将本组织的人力资源管理实践评估结果与人力资源管理的标杆标准进行对标。

（10）制订行动计划，以改善在审计过程中发现的各种问题。

5. 人力资源管理衡量指标调控方法

人力资源管理衡量指标的类型，衡量指标是用来对你们单位的现状以及取得的进步情况进行评估的一些基本的财务指标和非财务指标。与雇佣活动相关的衡量指标范围很广，既有整体性的组织绩效衡量指标，也有各种关注某些具体的人力资源管理职能领域和活动的衡量指标。

6. 标杆管理调控方法

实践中的标杆管理正如你看到的，衡量指标本身并没有多大的意义。无论是人力资源管理衡量指标，还是财务比率，或者是其他衡量指标，管理者想知道的都是"我们现在做得怎么样"和某种东西之间的关系。这里的所谓"某种东西"可能是公司的历史数据，或者是来自其他公司的标杆（即具有可比性）数据。

六、人力资源战略与规划评价和调控的过程

为了保障人力资源战略与规划的评价和调控目的的实现，使人力资源战略与规划的实施效果尽量符合人力资源战略的预期目的，人力资源战略与规划的评价与控制过程一般分为四个步骤，即制订人力资源战略与规划的效益目标、定量定性评价人力资源战略与规划的实施状况及效益、衡量人力资源战略与规划的实际效益偏差、人力资源战略与规划的修正和应变。

（一）人力资源战略与规划的效益目标的制订

人力资源战略与规划的评价与控制过程的第一步就是，根据预期的人力资源战略目标或计划制订出应当实现的战略效益，确定出科学、实事求是的效益标准。在确定效益标准之前，组织需要评价已经制订的人力资源战略与规划，明确组织目前需要努力的方向，清楚实现目标必须完成的工作任务，从而勾勒出人力资源战略与规划评价的重点应该放在哪

些可以确保人力资源战略与规划和人力资源战略成功实施的环节或关键点上。组织常用的人力资源战略与规划的衡量标准有：求职率、员工流失率、员工结构比率、劳动市场人员供给、招聘成本、企业招聘美誉度、员工素质、劳动生产率等。

运用目标管理法，在实施目标管理法的情况下，管理者和下属人员要共同制订下属需要达成的目标，并且定期对这些目标的实现进程进行评估。你可以通过与你的下属共同设定目标并定期向他们提供反馈，采用一种适度的目标管理法。然而，目标管理通常是指整个组织范围内的一项正式计划，在这种计划要求下，组织中各个层级的管理者都应当与自己的下属一起制订某些目标，这些目标必须有利于实现他们各自所在的部门所必须达成的目标。在目标管理过程中，通常会包括使用一些特定的表格，同时频繁地对员工在实现目标方面的进展情况作出评估。

目标管理法的创始人彼得·德鲁克强调，应当将目标管理法视为一种管理哲学，而不应当将其看成是一系列严格规定的步骤。他指出，实施目标管理的关键在于每一位管理者的工作目标都应当根据他们必须为自己所属的一个更大的组织单位所作出的贡献来确定。换言之，每一位管理者都必须为组织的总体战略规划的达成奉献自己的价值。一般情况下，目标管理过程通常包括以下五个步骤：①设定组织目标；②设定部门目标；③讨论部门目标；④设定个人目标；⑤提供反馈。

（二）评价人力资源战略与规划的实施状况及效益

这一步是组织的管理人员通过将实际的人力资源战略与规划效益和计划的规划效益相互比较，解析出两者之间的差异以及差异的方向。在此基础上，通过一系列定量指标和定性手段来分析出差距的形成原因。人力资源战略与规划的效益评价在过去往往更多地偏向定性分析，定量分析由于存在数据提取困难以及标准难以真正界定等原因而使用偏少。随着组织管理的集约化发展，越来越多的组织开始有机地结合定性、定量工具和方法来保证对实际人力资源战略与规划的效益状况给予客观的评价。

（三）衡量人力资源战略与规划的实际效益偏差

人力资源战略与规划的评价与控制的第三步主要是判断与衡量实现人力资源战略与规划效益的实际条件。将各种人力资源的数据加以收集并处理，不断检测内部人力资源条件和外部人力资源状况的变化。比较而言，内部人力资源效益参数容易观察，但管理人员对外部人力资源战略与规划基础的变化的反应可能就比较迟钝，对变化信息的强弱敏感度表现出迟钝性。组织管理人员在判断和衡量人力资源战略与规划效益时，不仅要有能力迅速准确地捕捉到组织内外部实际人力资源战略与规划效益的参数信号，还须灵敏地觉察、分析出人力资源战略与规划效益结果的发展态势，以具体的衡量方法以及衡量范围来保证衡量的有效性和可信度。

（四）修正人力资源战略与规划

采取修正措施和应变手段是人力资源战略与规划的评价与控制的最后一个步骤。组织在上述各步骤的基础之上，针对变化的外部人力资源条件和内部劳动力需求，采取修正措施或应变手段。无论变化给组织的人力资源战略与规划带来的是机会还是威胁，都应积极主动地采取相应的修正措施或应变手段。组织采取的修正措施和应变手段往往有三种方式：第一种方式为常规方式。组织按照以前程序性的处理方法来对付出现的差异，这种方式也是组织在实施人力资源战略与规划的评价与控制时采用最多的一种方式。第二种方式为专题解决方式。组织的管理人员专门针对人力资源战略与规划实践中出现的问题或者机会进行专题分析、突击解决。此方法能做到反应迅捷。第三种方法为专家模型方式。组织根据其他组织实施人力资源战略与规划的经验和本组织的具体情况，组织有关专家对可能出现的问题建立专家应急模型，以便当有关问题真的出现时，组织能及时作出反应。[①]

应变手段是指组织在进行人力资源战略与规划的评价与控制过程中，在出现最严重问题和困难时，须备有应变手段。这种手段实际是一种补救措施，帮助组织的管理人员处理棘手或不熟悉的情况。

---

① 霍生平，张燕君，郑赤建等. 人力资源战略与规划 [M]. 湘潭：湘潭大学出版社，2016：194.

第八章 现代人力资源战略与规划的新发展

第一节 知识经济时代的人力资源战略与规划

一、知识经济时代的人力资源观

知识经济是"以知识为基础的经济"的简称,"知识经济是指以现代科学技术为核心的,建立在知识和信息的生产、存储、使用和消费的经济,指当今世界上一种新型的、富有生命力的经济,是人类社会进入计算机信息时代后出现的一种经济形态。"[①]

知识经济是以不断创新的知识和技术为主要基础发展起来的经济,它的发展和繁荣直接依赖于知识和技术或有效信息的积累和使用,掌握知识和技术的人力资源成为组织在市场竞争中获取优势的关键,人力资源观和相应的人力资源管理理念正在不断发生变化。

第一,知识经济时代,人力资源成为战略性资源。随着知识和技术的运用已经成为企业在市场竞争中成败的关键,掌握知识和技能的人力资源也上升为组织的战略性资源,是组织获取竞争优势的来源。

第二,组织对人员的知识、技能和素质有了新的要求。企业对于复合型、学习型人才的需求越来越强烈,新时期的人才,在知识方面,要掌握高科技知识,有扎实的知识基础和广博渊深的知识结构;思维方面需要一定创新精神、创造能力和应变的能力;还要有良好的心理素质,有自信心和耐挫力。

知识经济时代,人力资源是组织获取竞争优势和发展的战略性资源。知识经济时代的人才观在理念上与战略性人力资源有着极强的耦合性,战略性人力资源管理中对人才的重视符合知识经济时代对人才的需求。知识经济时代,战略性人力资源管理能否替代传统人力资源管理,为企业创造更多绩效,关键在于对人力资源管理系统起指导作用的人力资源

[①] 闫冬. 知识经济时代下的人力资源战略变革 [J]. 现代商业, 2014 (11): 85-86.

的变革。

二、知识经济时代的人力资源战略变革

(一) 知识经济时代的人力资源战略

知识经济时代,人力资源的价值得到重新认识,人力资源管理理念得以升级,人力资源战略与组织战略进行融合,并逐步成为组织战略的核心,其角色和定位也发生了相应的变化。

第一,人力资源战略成为组织战略的核心。人力资源成为企业的战略性资源,是企业提升绩效获取持续竞争优势的核心资源,相应的人力资源战略也成为公司总体战略的核心战略。

第二,组织中人力资源管理系统以人力资源战略为核心。人力资源战略不仅是人力资源管理系统的指导,也是组织战略的核心,组织中人力资源管理系统要以相应的人力资源战略为核心开展人力资源管理活动,为组织中战略性人力资源服务。

第三,伴随着人力资源战略上升到组织战略层面,成为组织战略的核心,人力资源战略的制订者也从人力资源部门转移到了以 CEO 为核心的公司战略制订小组,不仅仅影响人力资源管理部门的活动,整个组织的人力资源活动都受到人力资源战略的影响,人力资源部门也从传统的事务性活动中得以解脱,成为公司的业务合作伙伴、咨询专家和战略顾问。

第四,知识经济时代人力资源战略与组织内外部环境联系更加密切。传统的人力资源战略是在组织战略下制订,尽量贴近组织文化;知识经济时代,人力资源战略根据组织战略性的人力资源制订,在制订时,紧密联系外部环境,深深嵌入公司文化,改善了过去人力资源战略受制与公司战略的局面。

第五,人力资源战略开始主导公司变革。传统模式下,人力资源战略属于公司战略的子战略,在公司变革时,人力资源战略跟随公司战略的变化进行相应的调整,以适应公司变革;知识经济时代,人力资源成为战略性资源,是公司变革的主要依靠力量,只有人力资源战略在公司变革中起到领导变革作用,公司变革才能更加顺利地完成。

(二) 知识经济时代人力资源管理的战略化

伴随着知识经济时代的人力资源观和人力资源战略发生变化,组织中的 HRM 不断发生变化,突出表现在于人力资源管理的战略性,这种变化主要发生在人力资源管理理念和

管理工具上。

在管理理念上，公司战略与人力资源管理战略的整合，人力资本成为企业竞争的关键和核心要素，组织根据价值和专用两个维度进行人力资本的价值评估，根据不同的人力资本实施了团队、层级、临时和联盟四种人力资源管理系统。

在管理工具上，随着人力资源战略与组织内外部联系越加紧密，新的技术和公司深层文化得以开发利用。信息技术在人力资源管理上得到了充分的应用，企业在网络化的基础上，内外交流沟通更加便捷，网络招聘也成为近年来招聘的主流渠道之一，员工授权得到强调，工作内容扩大，员工朝着复合型人才方向发展，与之匹配的薪酬和培训系统响应发生变化，在组织结构上，推动了企业组织结构朝着扁平化，网络化和学习型组织方向变化。

知识经济时代，企业的人才观发生了变化，人力资源上升到了战略性的地位，组织对人才的需求朝着无边界的方向发展，人力资源对组织的价值得到充分开发与利用，力资源管理系统也朝着战略性人力资源管理的方向发展。通过分析与之相应的人力资源战略变化，为战略性人力资源管理在组织中的落实提供良好基础，知识经济时代环境多变性和组织管理理念的更新为人力资源管理的发展提供了良好的发展契机，使战略性人力资源管理在构建企业持续竞争优势和核心竞争力方面起着越来越重要的作用。

第二节　大数据背景下的人力资源战略与规划

著名质量管理专家戴明曾说，我们信赖上帝，但所有其他的皆需要数据。未来学家托夫勒在其《第三次浪潮》中提出了大数据这一概念，并将其称为第三次浪潮的华彩乐章。2011年5月，麦肯锡全球研究院发表了一篇影响广泛的报告——《大数据：创新、竞争和生产力的下一个前沿》，进一步阐释了大数据的概念，并提出了两个观点：一是数据已经渗透到每一个行业、每一个业务职能领域；二是海量数据的应用意味着下一波或者新一轮生产率的增长和消费者盈余浪潮的到来。而2012年英国学者舍恩伯格和库克耶的《大数据时代》一经出版，立即畅销全球，更是把大数据的概念推到风口浪尖。随着大数据应用基础的"云"技术不断发展和成熟，大数据及其分析技术已成为世界各国、各大型组织争相进入并期待占领高地的领域，而且已经在很多领域得到了相当的应用，如通信、调查统计、商业零售、管理咨询和刑侦等。如果说大数据将成为推动组织创新、竞争和生产力的一股新动力，它必然要与组织人力资源结合，作为组织战略层面获取竞争优势的来源之一。

然而，由于大数据本身是一个比较抽象的概念，目前并没有一致认可的定义，单从字面来说，是指数据规模的庞大性。然而，大数据绝不仅仅是"海量数据"，而是指由于所涉及的资料量规模巨大和复杂性，无法在合理时间内通过传统的 IT 技术和软硬件工具实现撷取、管理、处理与服务的数据集合。维基百科把大数据定义为"利用常用软件工具捕获、管理和处理数据所耗时间超过可容忍时间的数据集"。由于还没有公认的定义，目前学者基本是从特征和性质对大数据进行解释与理解，大数据具备 4V 特征，即规模性（volume）、高速性（velocity）、多样性（variety）和价值性（value）其中，规模性是指体量巨大；多样性是指数据类型繁多，包含文本性质为主的结构化数据和非文本性质（如视频、图片等）的非结构化数据；高速性是指数据高速增长和变化流动性，有些数据如果不及时处理就会丧失意义和价值；价值性是指价值密度低，但商业价值高，需要特殊的方法以获取有价值的信息在实际应用中，根据舍恩伯格和库克耶的观点，大数据将会是一种全数据模式，而不再是传统统计学中随机取样大样本的数据；在全数据模式下，人们关注的已不再是精确性，而是一种混沌性，在这种混沌性下，人们不再关心或无法分辨因果关系，因为混沌性特征下，只能揭示事物之间的普遍关联性。在这种普遍关联的关系本质下，大数据的核心是预测，一切将变得可以量化。

一、大数据背景下的组织人力资源挑战

在人力资源领域，大数据将给组织带来全新的机遇和挑战，主要包括以下内容：首先，大数据正在改变组织人力资源管理的现实环境。以前，组织在进行人力资源管理实践时，总是以相对静态的视角看问题，而在大数据时代，组织每天都能获得海量数据。组织管理人员处在一个数据的"海洋"，大数据也使管理者和员工双方处于更加"透明"的状态，"信息不对称"产生的管理困境将因大数据而得到改善。其次，人力资源管理的传统思维和手段将被"颠覆"。大数据是一种不可忽视的冲击旧有思维模式的新浪潮，势必给组织人力资源管理带来一场思维和方法的革命。例如，对组织人力资源管理准确的可预见性和决策性，迅速准确的行动，等等。在大数据环境下，组织人力资源部门和专业人员的价值，将从后台服务发展为业务部门的合作伙伴和业务驱动者，进而成为组织的价值创造者。最后，大数据将重新定义组织管理者的技能素质。这体现为管理者一方面需要具备"大数据思维"和"透明"的管理理念，另一方面则需要管理者具备预测数据和洞察变化的技能，以及由此作出迅速反应的能力。这意味着，组织管理人员都将成为一定程度的数据专家，需要有数据的敏感性和洞察力，并把这种对数据的理解和意义认知，转变为组织的管理效率和价值实现。

二、大数据背景下的组织人力资源战略与实践

（一）基于大数据提升组织人力资源战略与规划的精确性和灵活性

无疑，大数据技术将作为组织人力资源战略与规划的必然选择。越来越多的人力资源部门在使用大数据做更为科学的人才决策及员工绩效预测手段，并提前做好人力资源规划。可以预见，基于大数据的人力资源战略与规划将主要表现在提升精确性和灵活性两个方面。

首先，从精确性方面来说，可以利用大数据的精确预测能力，提升组织人力资源规划的科学性和有效性。在大数据相关技术产生之前，传统人力资源信息系统和分析软件只能提供并分析结构化数据；大数据技术产生后，则可以获取并分析大量的非结构数据，如图文、音频和文本数据等，甚至可以做到即时获取即时分析，如此便可以对人力资源战略和规划进行精确的数据化预测与分析。借助大数据技术，组织不仅可以有效测量和分析人力资源管理效果，而且能够更精确地掌握其人力资源发展趋势，为组织人力资源战略和规划及其实践提供深入全面的决策依据，进而提升组织人力资源战略与规划的精确性和有效性。

其次，利用大数据动态实现性技术，提升组织在不确定性和易变性商业环境中，组织人力资源战略与规划的灵活性和应变性。在迅速变化的环境中，组织人力资源战略与规划向短期化转变，事实上也是向灵活性和应变性转变，这种转变的前提是，组织掌握了内外部环境的实时数据流，进而迅速作出预测和战略调整，并采取相应的行动策略。而人力资源战略与规划的这种灵活性和应变性，将随着大数据技术的成熟和应用变成现实。

总之，利用大数据几乎可以把一切量化的能力，数据动态捕获和分析的能力，及其预测性的核心功能，实现对组织内外部环境和人力资源活动的实时监测与预测，实现组织人力资源战略的精准有效预测和动态灵活性。

（二）利用大数据技术人力资源软实力建设把握组织竞争优势

世界各国和各类组织在进行大数据优势建设的竞赛过程中，已经竞相在大数据技术研发、硬件设施和系统建设等基础性工作各自发力。然而，这些技术和系统效用的发挥，则离不开围绕大数据技术人力资源软实力的建设与提升，也即大数据人才队伍的建设与培养。甚至可以说，大数据的获取和开发，将成为制约组织基于大数据技术获得人力资源竞争优势的制约。普华永道发布的一份报告指出，随着技术的发展，企业员工也接触和运用了越来越多的技术设备进行学习，数据分析将成为企业知识员工必备的技能。因此，首席数据官和大数据团队开发培养，将成为组织人力资源核心竞争力的关键所在。

当前，作为一个新兴的研究领域，大数据研究横跨多个学科，这方面的复合型人才非常稀缺，世界各国有实力的组织都在采用高投入的人力资源战略，外部吸引和内部开发并重用以抢占大数据技术人才的制高点。而对于实力相对较弱的组织来说，只能退而求其次，通过发挥人才团队整体效能的基础上，减小差距，采用差异化的人力资源战略，保持在这场基于大数据技术的核心竞争力提升竞赛中，不至于出局。总之，组织有必要把数据人才的获取和开发上升到战略层面，以争取组织未来的竞争优势。

（三）利用大数据技术实现组织人力资源实践理念的转变和模式的革新

随着大数据技术在组织人力资源实践中的应用，组织人力资源部门和专业人员，其角色和作用也在相应转变，已经由原来的职能角色，向更加具有战略意义的业务伙伴转变，并成为组织价值创造者。这主要表现在基于大数据的人力资源管理思维模式、大数据技术对组织人力资源管理系统的优化和大数据技术在组织人力资源管理各个实践环节的渗透。

首先，基于大数据的人力资源实践思维模式转变。舍恩伯格和库克耶指出，大数据颠覆了千百年来人类的思维惯例，改变了人类的认知和与世界交流的方式。因此，组织人力资源战略规划及其实践的思维模式被颠覆：人力资源领域"大数据思维"的转变，主要包括以下几点：①人力资源专业人员要树立大数据思维。这体现在不仅需要战略上具备对人才需求变动的洞察力和前瞻性，还需要对日常管理工作具备更高敏感性、专注力和创新思维的能力，并培养员工的大数据思维，形成全方位立体式的大数据思维。②将大数据人力资源视为企业管理中的核心生产要素。基于大数据技术，组织可以动态获取和处理组织人力资源实践本身，或与人力资源实践相关的组织运营管理中的各类海量信息，如员工效能与行表现、人工成本、人力资本投资回报率、员工满意度、人力资源内外部环境与政策变化等，进而这些丰富的人力资源少量数据视为组织的战略核心资产，运用于组织运营管理以产生组织高绩效和长久竞争优势。③人力资源专业人员基于大数据的特征，进行人力资源决策从"经验+感觉"向"事实+数据"的思维模式转型。通过对组织人力资源及其相关的海量信息的开发和利用，对于组织人力资源决策，特别是人力资源战略和规划决策，从以往"经验+感觉"向"事实+数据"的思维模式转型，以提高组织人力资源决策的效率和正确性。④预见性地确立以人为本的大数据战略方针，通过大数据解决组织人的问题。正如舍恩伯格和库克耶指出的那样，大数据的核心是预测，而人力资源战略与规划的重要职能之一，即在预测基础上满足组织特定时期的人力资源需求，也即解决组织人的问题。

其次，基于大数据的组织人力资源系统优化方面，助推人力资源大数据思维模式及其实践。由于大数据的基础是海量信息的获取与分析，所以，基于大数据的组织人力资源系统建构与优化，是组织实施人力资源大数据思维模式及其实践的前提。具体来说，大数据将使组织人力资源管理系统向以下三大趋势发展：①人力资源管理系统运用的泛互联网化，即人力资源管理系统将具有广泛的数据接口，可以对接来自互联网的各种结构化、半结构化及非结构化数据。②人力资源管理系统将为组织人力资源管理工作提供更加全面的量化参考。通过人力资源核算或人才测评分析等方法，真正体现人力资本的概念，为人力资源管理提供具有战略预判能力的分析成果。③人力资源管理系统将为优化组织架构，实现扁平化的人员管理及员工服务创造更加有利的条件。随着大数据在组织人力资源和运营管理中的运用，将打破传统的组织模式，产生更多的交互性数据，改变组织与员工之间的信息不对称性，有助于员工更好地参与组织经营管理决策，建立更加规范的工作流程。

最后，通过大数据技术在人力资源管理各个环节的渗透，将改变传统的组织人力资源实践过程，真正实现人力资源循证式（evidence-based）管理。具体来说，在投资效益方面，通过数据分析可以评价人力资源成本的水平、结构及价值；在人力配置方面，数据分析可以实现定岗定编分析及人才质量与人才盘点分析等；在人力资源运营方面，数据分析有助于薪酬水平内外部分析与量化诊断、绩效管理结果与成效分析、招聘成效分析、员工流动分析、培训管理效率指标及培训成效数据分析；在人才管理方面，数据分析可以测评员工满意度与敬业度、雇主价值与留才指数、胜任力模型与人才评测等；在人力资源价值衡量方面，数据分析可以对人力资源运行效率、人力资源管理效力、人力资源战略职能价值进行评价。因此，通过大数据技术在人力资源各个实践环境的应用，以及数据、事实、分析方法、科学手段、有针对性的评价及准确的评价性研究或案例研究，为组织人力资源建议、决策、实践及结论提供支持。

总之，大数据将在战略层面改变传统的人力资源实践思维模式，在实践层面上则表现为通过大数据技术，组织人力资源管理系统可以达到优化协同，以及人力资源管理各个环节的精确化，将真正达成组织高绩效人力资源系统。

第三节　经济转型升级下的人力资源战略与规划

一、中国经济转型与组织发展

从改革开放政策实施开始，中国经济经历了40余年的高速增长。中国GDP经历了近

30年平均超过10%的增长率后，从2012年开始回落到每年低于8%的增长率，经济发展速度进入了一个相对低速的阶段。我国用"新常态"一词描述中国当前的经济发展特征，并对经济发展新常态进行了全面阐述。中国经济发展的新常态可以归结为"三个特点、四个机遇、一个挑战"。三个特点是从高速增长转为中高速增长、经济结构不断优化升级、从要素驱动和投资驱动转向创新驱动，也可以简述为速度变化、结构优化、动力转换。四个机遇为中国经济增速虽然放缓，实际增量依然可观；中国经济增长更趋平稳，增长动力更为多元；中国政府大力简政放权，市场活力进一步释放。一个挑战为全面深化改革。这意味着，中国经济进入了向形态更高级、分工更优化、结构更合理的演进转型阶段。

为抓住中国经济新常态阶段的机遇，助推中国经济重新领跑，中国依托自身的经济基础和优势，采取了外合作和内改革两条线路的发展战略与路径。外合作包括由中国牵头成立的亚洲基础设施投资银行（AIIB）和共建"一带一路"倡议等；内改革则包括党的十八届三中全会审议通过的《中共中央关于全面深化改革若干重大问题的决定》，并于2015年分别提出了《中国制造2025》战略规划和"供给侧结构性改革"的国家经济改革策略等。外合作的这些战略举措，将进一步加深中国经济组织与国际组织的竞争及合作，内改革的举措则将使国内组织面临变革转型和结构优化的挑战。可以说，在整个国家进行产业转型和结构优化的进程中，不能实现结构优化和技术创新转型的组织，必将被淘汰。在当前这种国际竞争加剧，全球合作加深，内部改革不可阻挡，科技日新月异，全球经济整体走势不景气的大环境下，组织唯一的发展路径是组织变革和创新。然而，组织变革最大的原动力来自人，组织创新的源泉也是人。因此，人的因素就成为中国经济转型期的决定性因素，也将是组织发展战略的决定性因素。

二、经济转型升级下的组织人力资源战略与实践

处于转型升级阶段的组织，无论是组织结构和形态，技术装备和业务流程都将进行变革更新，这也意味着组织需要进行人力资源知识技能和素质的更新提升。因此，通常来说，处于转型阶段的组织，通常可以采用发展式人力资源战略和转型式人力资源战略，但由于组织自身条件和运营情况的差异，组织需要灵活进行人力资源战略的决策和部署。

一般来说，当组织整体运营状况良好时，可以采用发展式的人力资源战略，也可称为高投入战略。在该模式下，组织可以采取循序渐进的方式，组织采用高投入的策略，对外采取具有吸引力的薪酬福利策略，对内则持续对组织人力资源进行投资开发，以突破组织转型升级过程中的人力资源制约和瓶颈。这种高投入的混合人力资源策略，需要组织有良好的财务状况，以能够支撑对人员培养和开发的投入。

其次，对于中小型组织，或处于发展阶段的组织，由于组织实力限制，宜采用差异化战略。这主要体现在以关键人才内部培养开发为主，通过组织文化建设，提供个性化的低成本薪酬福利政策等，以满足组织转型过程中的人力资源要求。不过，对于这类组织还可以采用"学习—模仿"发展式的人力资源战略模式，即选派人员去标杆组织或相关机构学习组织转型所需要的知识技能，然后进行先进知识技能的模仿，同时让这些经过了先进知识技能培训后的人才回到组织后，去培训组织内部的其他人员或新成员。在一定时期的模仿后，结合组织自身的情况，进行组织自身核心能力的创新提升。例如，以中国动车制造业为例，在动车制造过程中的一项关键技术，是铝合金焊接技术。这是一项非常关键的技术，起初中国企业根本无法进行这项操作，但研发不容易。在这种情况下，中国企业选派了500余名技术人员前往德国学习，这些技术人员回国后，不仅把德国技术带回了中国，还在结合中国企业自身情况和技术特色的基础上，进行了创新，并让德国专家心服口服。"学习—模仿—创新"发展式的人力资源战略模式，不失为一种成本低，见效快的战略模式。

最后，对于处于衰退或危机时期的组织，必须进行全面变革与调整时，可选择转型式人力资源战略，或称为变革式人力资源战略。此时，组织采取新的发展战略、组织结构和文化，人力资源战略也需要进行彻底变革，人力资源进行彻底更新。转型式战略要求企业改变原有的结构，组织结构、业务流程和现有人力资源都将进行大幅度的全面调整。由于转型式战略在短时间内采取激进的变革与调整措施，如组织收缩、流程再造和裁员，会打破员工固有的工作方式，对组织和员工的影响很大，容易引起员工的不满和抵制。因此，采取转型式战略前必须进行充分的诊断与评估，组织高层的支持至关重要。同时需要组织人力资源部门和专业人员成为组织变革的促进者，以变革代理人的身份推动组织人力资源的转型提升。

三、经济转型升级下进行人力资源战略调整的重要意义

（一）经济转型升级下进行人力资源战略调整是促进区域经济发展现代化的

区域经济进行转型是一个非常复杂的历程，需要经历工业化、市场化以及城市化这三个阶段，而这种转变的关键在于：第一，进行创新以及效率双重驱动的全面转化；第二，以现代工业为主的产业结构取代以传统工业为主的产业结构；第三，逐步实现市场经济的现代化发展。区域经济发展机构要想增强自身的竞争力，确保其可持续发展，就必须不断加强区域特色发展：首先，促进本土经济的顺利转型与升级，采取的处理方式就是进行块

状划分，大力支持中小企业的发展；其次，进行更加明确的产业分工，并且进行比较集中的发展分布，形成比较强大的竞争市场，促进经济发展的规模化以及专业化行程。这样就能够全面推进区域经济的可持续性发展，确保经济的迅猛发展，逐步提升人民的生活生产水平。

（二）专业型技术人才是进行经济转型的必备条件

在过去的经济发展过程当中，市场需要巨大的劳动力作为辅助力量，但是现阶段要进行国民经济发展模式的变革更加需要的是高质量的劳动力量，因此，全力提升劳动人员的自身素质成为首要的任务以及决定性因素。专业型技术人才是进行经济转型的必备条件，在此过程当中需要把人民群众的利益放在首位，并且能够以人为本，通过激发人们的创新思维以及能力，进而大力促进社会以及经济的稳定发展。

经济转型的推动力量包括专业知识以及技能的大力提升，个人综合能力与素质的全面增长以及复杂问题的合理解决，这些推动力量就要求一批新型的高素质人才服务于社会，这批人才需要具备高强度的学习能力以及扎实的知识结构体系，并且拥有想象力以及创新能力，与此同时还需要有比较敏锐的洞察力。可见，专业型技术人才是进行经济转型的必备条件。

四、经济转型升级下人力资源战略调整面临的问题

人力资源战略调整需要三方的努力，包括国家教育机构、政府机关以及人才市场，因为高素质人才的产生首先是离不开教育机构的教育，同时也要依靠政府的相关政策以及制度进行调控，更重要的就是人才市场的无形影响与作用，这三个方面是相互影响的，同时也是缺一不可的。"这三个因素只有合理地被调节与控制，才能够高效显著地促进经济的转型与升级，如果控制不好，反而会制约人力资源战略的合理调整。"[①]

（一）教育机构的教育理念陈旧而且缺乏合理性

从近些年的教育成果来看，教育机构存在着一个巨大的理念错误，而且这种理念根深蒂固，很难改变，那就是过分注重理论知识的灌输，严重忽视了实践教学的重要性与必要性。现阶段的教育理念仍然是对学生进行专业知识的盲目灌输，大大降低了学生学习的主动性，并且严重扼杀了学生的自主创新能力以及独立思考与判断的思想，对于人才的合理

---

① 李辉，秦慧丽. 浅析经济转型升级视域下的人力资源战略 [J]. 现代经济信息，2012（18）：59+63.

培养是十分不利的。

(二) 政府的政策颁布以及实施不到位

政府在经济转型与升级的过程当中，需要做的就是大力加强科学教育的实际意义，同时大力进行人才综合素质的培养，包括两个方面：其一，颁布相关的鼓励政策，加快高科技的发展进程，加强高科技产品的开发力度，并且使得高科技进一步实现产业化；其二，营造一个优良的人才培养平台，与此同时还要尽可能优化就业以及创业的市场环境。

(三) 企业的人才方针存在一定的弊端

很多企业在人才雇佣方面所采取的方针政策存在一定的弊端，它们往往仅仅重视人才的使用，而忽视掉了对于人才的定期培养与提高，这些对于一个企业的发展来讲都是十分必要的。

五、经济转型升级下合理的人才培养机制的建立

要想确保视域下人力资源战略的顺利调整，就需要执行合理的人才选拔与培养机制，可以从以下几个方面进行控制：第一，根据区域经济发展的特征进行高等院校的专业设置，相信产业结构能够对专业的合理设置起到很大的指导作用，旨在发展出和当地特色相对应的特色专业；第二，转变教育理念，注重对于学生实践能力的培养，积极倡导学生走出校园，大力进行科技创新，推崇创新精神与思想；第三，全力依托政府的政策支持，通过政治制度连结企业，进行三者的统一与协调；第四，企业需要进一步明确实用人才的具体要求以及专业技能，进一步培养创新型人才，并且这个要求作为一种长期的发展战略。

参考文献

[1] 董克用. 人力资源管理概论（第三版）[M]. 北京：中国人民大学出版社，2011.

[2] 雷蒙德·A·诺伊等，著；刘昕，译. 人力资源管理获得竞争优势（第7版）[M]. 北京：中国人民大学出版社，2013.

[3] 劳伦斯·S·克雷曼，著；吴培冠，译. 人力资源管理：获取竞争优势的工具（第4版）[M]. 北京：机械工业出版社，2009.

[4] 杨嵘均. 我国公共部门人力资源开发与管理的价值转型与制度设计——基于环境—价值—制度研究范式的探讨[J]. 中国行政管理，2016（4）：73-78.

[5] 陈沛然. 人力资源培训开发与服务外包项目的分析与实践——以某管理咨询有限公司为例[J]. 商业经济，2015（9）：72-76.

[6] 丁成明. 坚持用科学发展观统领公务员管理工作——参加四川省当代人力资源开发与公务员管理专题研究班的体会[J]. 内江师范学院学报，2014（1）：15-17.

[7] 贾鼎，白仁文. 浅析事业单位人力资源管理存在的问题及其对策分析[J]. 华商，2008（22）89-90.

[8] 李超宇. 事业单位人力资源管理环境分析及改良对策[J]，经济研究导刊，2010（24）：98.

[9] 梁镇，季晓燕，张维. 知识型员工激励方法比较研究[J]. 中国人力资源开发，2007（6）：57-59.

[10] 黄诗龙，项杰. "大数据"点亮人力资源管理系统的"大智慧"[J]. 中国传媒科技，2013（23）：76-78.

[11] 张欣瑞，范正芳，陶晓波. 大数据在人力资源管理中的应用空间与挑战[J]. 中国人力资源开发，2015（22）：52-57.

[12] 赵忠民. e-HR与"大数据"如何上演"双剑合璧"[J]. 人力资源，2014（7）：70-72.

[13] 王定红. 大数据时代的循证式人力资源管理 [J]. 中外企业家, 2013 (3): 157.

[14] 李琳. 大数据时代人力资源的创新管理 [J]. 领导科学, 2014 (10): 56-57.

[15] 赵永乐等. 人力资源管理概论（第二版）[M]. 上海：上海交通大学出版社, 2010.

[16] 王雪莉. 战略人力资源管理：用人模型与关键决策 [M]. 北京：中国发展出版社, 2009.

[17] 李辉, 秦慧丽. 浅析经济转型升级视域下的人力资源战略 [J]. 现代经济信息, 2012 (18): 59+63.

[18] 朱城, 邹娟. 经济转型升级视域下的人力资源战略性调整 [J]. 兰州学刊, 2011 (12): 192-194.

[19] 任龙生, 葛明磊, 闫秋梅. 基于核心能力的企业人力资源战略设计——以深圳万科公司为例 [J]. 今日财富, 2023 (04): 161-163.

[20] 常建欣. 国有企业转型升级阶段中长期人力资源战略与规划的探讨 [J]. 全国流通经济, 2022 (20): 82-84.

[21] 陈慧媛. 国有科技型企业人力资源战略研究 [J]. 产业创新研究, 2022 (05): 55-57.

[22] 潘连晶. 融资租赁公司人力资源战略定位以及流程管理分析 [J]. 全国流通经济, 2021 (36): 94-96.

[23] 关瑞笑. 人力资源战略规划对现代企业的意义分析 [J]. 营销界, 2021 (35): 142-143.

[24] 余廷然. "互联网+"背景下的FH公司人力资源战略规划研究 [D]. 长春工业大学, 2021.

[25] 肖超荣. 基于资源基础观视角的人力资源战略分析 [J]. 电子技术, 2020, 49 (03): 92-93.

[26] 戴丽莉. 企业人力资源战略选择和系统设计方案 [J]. 人力资源, 2020 (12): 142-143.

[27] 巩林. 企业战略、企业文化与人力资源战略 [J]. 合作经济与科技, 2020 (14): 116-117.

[28] 肖晶. 中石油湖南销售仓储管理分公司人力资源战略研究 [D]. 湖南大学, 2020.

[29] 徐水金. 新形势下企业青年员工人力资源战略刍议 [J]. 中国集体经济, 2020 (30): 113-114.

[30] 李云龙. 人力资源战略管理途径探究 [J]. 中小企业管理与科技（上旬刊）, 2021

（02）：16-17．

[31] 龙令．Z煤碳化工公司人力资源战略规划与实施研究［D］．西北大学，2021．

[32] 孙明芳．人力资源战略视角下的员工培训分析［J］．商业文化，2021（07）：86-87．

[33] 帅建华．"人力资源战略与规划"课程教材建设的建议［J］．就业与保障，2021（05）：157-158．

[34] 陈秀丽．人力资源战略性管理中人力资源的定位分析［J］．今日财富，2021（07）：200-201．